Quelques jours
en Espagne
en Algérie

QUELQUES JOURS

EN ESPAGNE ET EN ALGÉRIE

QUELQUES JOURS

EN ESPAGNE & EN ALGÉRIE

PAR

JANE FANCY

LIBRAIRIE DE PARIS

20, BOULEVARD MONTMARTRE

—

1891

MADRID

MADRID

Aller voir la Semaine Sainte à Séville !
Vive les dates fixes, elles seules savent arracher le Parisien à Paris !

Me voilà donc, la plus heureuse du monde,
en partance avec quelques amis, pour Séville,
cette grande charmeuse qui veut « qu'on
n'ait rien vu quand on ne l'a pas vue », et
l'Espagne que j'ignore !

C'est seulement deux heures avant d'arriver à Madrid qu'on se sent en Espagne.
Dans ces longues plaines désolées, se dérou-
le toute sa dramatique histoire ; étrange et
imposant désert de rocs en détresse, où, pour

détruire ainsi toute vie, le fer et le feu ont
dû secouer la terre sans pitié jusqu'au plus
profond de ses entrailles; chaos gigantesque,
sur lequel planent encore, et planeront sans
doute éternellement, comme sur toute la
pauvre Espagne, les fantômes inoubliables
et inséparables de l'Inquisition et de Philippe II, ombres écrasantes, vrais cauche-
mars espagnols!

Au milieu de cette désolation générale le
train s'arrête.

L'Escurial! et instinctivement on frissonne!

En effet, l'Escurial n'est-ce pas ce monas-
tère royal en lugubre forme de gril que
minèrent les fièvres quartaines? d'où le rire
était banni par une étiquette implacable,
« où l'ennui était si épais qu'on en mou-
rait? » Résidence préférée du plus terrible
des rois; roi moine qui tint à honneur
d'être grand prieur de l'Inquisition!

N'est-ce pas de là que partirent 32.000
ordres d'autodafés et 291.000 ordres d'empri-

sonnements éternels, qu'un peuple naïf croira, comme on le lui dit, inspirés par l'unique passion d'arracher les âmes aux peines du Purgatoire!

Là, que des séries de miracles seront « commandés » par un roi, dont l'affolement de puissance ira jusqu'à reprocher sa tiédeur au Pape qui essayera, mais en vain, d'apaiser tant d'ardeur. « Avec ses scrupules Il (le Pape) finira par perdre la Religion; quant à moi je suis prêt à porter le bois pour brûler mon fils si je le croyais pervers. » *(sic)* Et ce fils! c'est encore l'Escurial qui le verra naître, abêtir, puis empoisonner par un père qui, pour toute oraison funèbre, signifiera à l'Europe « que cette mort était d'un grand intérêt pour ses États et sa propre tranquillité, » puis présidera froidement l'enterrement pour y régler lui-même le cérémonial! Père étrange, dont la tendresse ne saura que placer dans le lit de son fils mourant, le cadavre desséché d'un cuisinier de couvent, réputé pieux en son temps, sous le prétexte, vrai ou faux, d'en obtenir un miracle ! Il en demandera ensuite la canonisation !

Caveau complaisant et discret cet Escurial auquel, en moins de vingt ans, Philippe II confiera dix-sept cercueils, tous ou presque tous ses œuvres, interdisant autour d'eux les pleurs comme il avait interdit le rire ! Roi morose s'il en fut, ne sortant jamais que le soir, comme un malfaiteur, soigneusement caché aux regards, volant des manuscrits dans les couvents et faisant une guerre acharnée à la science « la grande ennemie ». Despote dont on a pu dire que les « instincts aveugles déterminèrent finalement la misère et le malaise pour ses peuples, et pour l'Espagne la décadence ! »

Brrr ! On a hâte de fuir de pareils souvenirs et on est tout heureux quand une heure après on arrive à Madrid.

De la gare à la ville, un quart d'heure de route, toute en fondrières, en ornières profondes et en grosses pierres roulantes. On se croirait dans un champ abandonné; aussi quelles voitures et quels chevaux invraisemblables! Forcément on va au pas. Enfin on arrive à la fameuse Puerta del Sol où tout Madrid, paraît-il, vit et grouille pendant une partie du jour, et aussi de la nuit. C'est une petite place très banale, comme d'ailleurs toute la ville, où l'on vend des journaux et cire les bottes. Mais l'idée du Musée vous hante! Aussi est-ce avec une vive impatience qu'on attend l'heure réglementaire, c'est-à-dire deux heures. Il pleut à torrents; tout à coup, nous apprenons avec stupéfaction que c'est un véritable désastre, « le Musée n'étant jamais ouvert par les temps de pluie » (sic)!!! J'ai heureusement des lettres de recommandation, et bien décidés à nous faire ouvrir cet Eden artistique, coûte que coûte, nous partons pour le Musée. Nous n'avons pas de temps à perdre — deux jours seulement à passer à Madrid — si nous voulons être le

Jeudi Saint à Séville, ce à quoi nous tenons absolument. A la grande stupéfaction cette fois, de notre cocher et de notre guide, disparaissant littéralement sous des caoutchoucs et des parapluies gigantesques, certainement introuvables dans les pays véritablement pluvieux, le Musée est ouvert!... « C'est bien étrange, » répètent-ils chacun à leur tour. Quoi qu'il en soit, aucun obstacle ne se présente et nous entrons.

Le cœur me bat! Songez donc qu'il s'agit ici du Musée qui, au dire de tous les artistes, est le plus beau du monde!

Dès la première salle, six tableaux, six chefs-d'œuvre rangés en cercles! On dirait des maîtres de maison souhaitant dès le seuil et dans leurs plus beaux atours, la bienvenue à leurs invités! Les yeux éblouis ne savent où se poser, la pensée où se fixer; c'est entre ces chefs-d'œuvre comme une rivalité de coquetterie. Celui qui de suite fit ma conquête ce fut « Le sommeil de Jacob » de Ribeira. Devant cette œuvre étonnante de poésie intense et d'exécution parfaite, il me revint un peu de cette même émotion très particulière ressentie autrefois à Dresde devant la Vierge Sixtine ; sorte d'hypnotisme artistique très étrange et très puissant. Ribeira ! Mais je ne le connaissais pas. C'est un immense artiste !

Mes amis, eux aussi, avaient chacun, selon sa nature particulière, subi une fascination spéciale. On s'appelait : « Venez donc, c'est inoui ! » etc.

En effet, c'était inouï ! Quand je pus m'arracher à Ribeira, je regardai « les autres » ; eux aussi étaient superbes. Le Vulcain, de Velasquez, — une œuvre remarquable de naturalisme et de pensée profonde. Et quelle couleur ! quel puissant et noble dessin ! Et son Philippe IV, jeune homme encore, quel portrait ! A la bonne heure ! Voilà un portrait ! Mais avançons, Velasquez nous appelle plus loin. N'est-ce pas à Madrid seul qu'on le peut connaître, dans ce musée qui possède soixante-une œuvres de ce maître, où tous les rois et princes espagnols, grands et petits, jeunes et vieux, sont là, peints par celui dont le pinceau est royal lui aussi, qu'il fasse « l'Acteur », cette toile superbe, ou « le Mendiant ». Est-ce bien de lui ce gai tableau de la fête de Bacchus ? Vraie fantaisie d'artiste alors, qui las d'une majesté trop pesante, aura voulu aller rire et boire un instant avec et comme ceux dont c'est l'état! Et les Fileuses! Autre fantaisie, charmante celle-là !

Mais c'est bien de lui, par exemple, cet Infant à cheval, dom Balthazar. Ne se croit-il pas déjà roi, le petit? Et son cheval est-il assez cheval de roi ! car les chevaux de Velasquez sont aussi royaux que les personnages eux-mêmes.

Mais que Velasquez ne nous fasse oublier ni Pautoja, ni Ribeira, ni Goya, ni les étrangers, très brillants dans ce musée incomparable.

Et tout d'abord, qu'est-ce que cette tête exsangue aux yeux étranges de sphinx implacable qui vous suivent partout et ne vous permettent ni de les fuir, ni de les oublier jamais? Véritable obsession vraiment! C'est le Philippe II de Pantoja, — un chef-d'œuvre.

Beaucoup de Ribeiras : un Prométhée terrible, et des supplices sans fin, traités avec une furia douloureuse qui fait grincer les nerfs. Enfin un St-Antoine de Padoue avec l'Enfant Jésus, une œuvre douce et tendre conçue évidemment dans une heure de paix et de bonheur, heure d'exception pour cet artiste tourmenté,... et qui donnerait la Foi.

Et Goya! toute une salle de ce portraitiste exquis, de cet artiste charmant aux fraîches et gaies couleurs.

Il semble que toute l'Espagne avec ses mœurs et son âme mobile ait été résumée par ses trois grands peintres. Goya sera celui de la joyeuse Espagne, celle des castagnettes et des élégances insouciantes. Ribeira, avec une virtuosité de puissance vraiment inouïe, avec une sorte de rage, s'acharnera à retracer dans toute « sa hideur » le grand fléau espagnol, l'Inquisition ! Enfin le fastueux Vélasquez attiré par les beaux plis des manteaux royaux et les riches équipements des princes reproduira sur ordre et d'un pinceau facile, amoureux de sa belle palette et sans même penser à leur monotonie, toute la série de ces physionomies taciturnes des Philippes Espapagnols ! Goya, Ribeira, Vélasquez, trinité admirable qu'on ne connaît qu'à Madrid !

Parmi les étrangers, Titien est ici le roi, avec son Charles-Quint à cheval en guerrier terrible, à mon avis, l'œuvre capitale du Musée et peut-être aussi du maître; avec son autre Charles-Quint à pied et son Philippe II.

Il ne faut pas oublier que sa tradition a dominé tout l'art espagnol et que son élève Macip fut le fondateur des trois grandes écoles de l'Espagne, celles de Cocentaina, de Séville et de Valence.

Voici encore deux Rubens de premier ordre, un portrait de Marie de Médicis et le Jugement de Pàris. Un éblouissement de couleurs. Et un Rembrandt étonnant, une Artémise aux cheveux d'or qui illumine tout, autour d'elle. Enfin un des plus beaux Van-Loo que j'aie vus! la famille royale, immense et superbe toile.

Et que de merveilles encore dans ce musée! bien réellement un des premiers du monde.

J'y passe la journée et ne me décide à le quitter que quand on ferme, me promettant d'y revenir le lendemain.

Quelle exquise journée!

J'ai la tête toute pleine, et le cœur tout joyeux! Mon Dieu que le Beau est beau!.....

La pluie, on s'étonne vraiment que le ciel puisse pleurer si près de tant de belles choses! nous force à rentrer.

Le lendemain je cours de nouveau au musée. Je revois mes chères merveilles, sauf Goya; sa salle est fermée — se la faire ouvrir est impossible. On donne un prétexte absurde, en Espagne tout est une difficulté !

Ensuite nous allons, par une pluie toujours battante, il faut bien en prendre son parti, voir le Retiro, promenade très jolie, bien arrangée, belle vue, quand on peut voir. Mais bon Dieu ! par quels abords on y arrive ! Là aussi les chemins sont de vraies fondrières. On nous explique le plus flegmatiquement du monde, que quand il pleut à Madrid il en est toujours ainsi. L'Espagnol doit être le peuple qui prend le mieux son parti de ce qui est, tel que c'est.

Visite ensuite à la belle église de Saint-François, très riche, toute décorée par des peintures modernes, genre théâtral. Depuis que l'antique église royale de Sainte-Marie de Atocha s'est effondrée — les choses s'effondrent beaucoup en Espagne (ce qui ne semble étonner personne.) Saint-François la remplace et fait fonction de cathédrale ; c'est là qu'ont eu lieu les funérailles d'Alphonse XII et le baptème du jeune roi.

Les reines sont à Madrid. La régente, très instruite, très intelligente, et reine moderne très au courant de tout ce qui se passe partout. Fine connaisseuse en littérature, elle connaît tout ce qui se publie et se joue, et le juge avec finesse. Elle a fait deux vrais miracles en Espagne : le premier, en créant autour du trône, à défaut de popularité, un sentiment qui n'était pas même à l'état d'aspiration chez l'espagnol, — le respect du souverain — le second, en se faisant, grâce à ce respect, non seulement accepter quoique étrangère et anti-espagnole de mœurs et d'idées, mais obéir, dans un pays et par une race qui n'avaient jusqu'à ce jour toléré que des gouvernants de sang et de goûts espagnols. Quant à la reine Isabelle, elle est aujourd'hui très effacée. Etrange existence que celle de cette femme intelligente, disent ses amis, bonne disent-ils aussi, et dont l'acte de joyeux avènement fut le massacre de 24 condamnés politiques ; et elle avait à peine douze ans ! Elle est cependant restée populaire, en raison surtout, me semble-t-il, de son contraste avec la reine régente et de son goût pour la pompe et les veilles, que déteste l'étrangère. Se coucher à dix heures et préférer la solitude aux fêtes, constitue presque un scandale dans un pays qui vit bruyamment et fait ses affaires de neuf heures du soir à quatre heures du matin, se reposant le reste du temps.

On me conte un joli mot de la régente : la comtesse de Paris revenait de Clairvaux, rapportant très fièrement à sa cousine une petite gamelle. « C'est la grande mode en France, ma chère, chacun en a une sur sa table, c'est une rage, » sur quoi la reine, en souriant, lui demanda « si elle n'avait pas peur que la gamelle ne fît du tort à la rose de France. » Je n'ai pas su la réponse de la comtesse de Paris.

Grâce à une pluie féroce, implacable, impossible de penser même à aller ni à l'Escurial, ni à Aranjuez, ni à Tolède ; c'est à refaire. On nous promet le soleil en Andalousie, partons donc pour Séville, d'ailleurs les dates nous pressent.

SÉVILLE

SÉVILLE

Mais c'est plus facile à dire qu'à exécuter, et notre courrier passe toute sa journée à la gare à faire la queue pour retenir nos places — les trains en Espagne n'emmenant qu'un certain nombre de voyageurs, et nous sommes, paraît-il, fort nombreux. Enfin, après mille émotions, nous voilà dans le train, et pendant qu'il s'ébranle, j'envoie au Musée un tendre adieu tout plein de souhaits de revoir ; à l'Escurial et à Tolède une promesse... solennelle pour l'avenir !

La pluie tombe toujours fraîche et serrée. Le train est bondé. Impossible d'obtenir le moindre renseignement aux nombreux embranchements; — le chef de gare est introuvable, et tout le monde ahuri — on n'est pas habitué à une telle affluence! et c'est avec la plus vive angoisse qu'on prend enfin le parti de rester dans son vagon et de « courir sa chance ». La nôtre a été bien veillante et après douze longues heures de trajet « à la tortue », à travers des plaines plus ou moins cultivées, nous arrivons sains et saufs à Séville.

La cohue de la gare y est inénarrable! C'est le dernier jour de la semaine où les omnibus et les voitures circuleront dans la ville; quant aux hôtels ils sont bondés; pas une place, nous assure-t-on, n'est à trouver dans tout Séville. A l'hôtel de Paris, le meilleur de Séville, où nous avions télégraphié, c'est très sérieusement qu'on nous offre les trois dernières chambres vacantes pour la modeste somme de 250 francs par jour, sans la nourriture s'il vous plaît, — nous fuyons épouvantés et sur le conseil de notre courrier indigné (un Sévillian), nous assurant, « qu'il ne manque pas d'hôtels à Séville ! » nous voilà parcourant la ville, sans aucun succès d'abord.

Enfin ! dans une « fonda » de deuxième ordre nous trouvons notre affaire — pour 35 francs par jour par personne, logement et nourriture. C'est pour rien en temps de semaine sainte. Ainsi et enfin rassurés, nous pouvons regarder autour de nous !

Séville est sens dessus dessous et tout de suite on comprend que les « Processions » sont « la grande affaire, » la Fête nationale. — Nous sommes au Jeudi Saint ; depuis huit heures du matin les rues sont accaparées par de nombreux pénitents aux costumes multicolores avec le bonnet pointu de magicien et la cagoule qui ne laisse deviner que les yeux ; on dirait des diables, les noirs surtout. Ils arpentent en courant, l'air très affairé, Séville, qui appartient exclusivement pendant ces deux jours « aux Processions ». Toutes espèces de voitures sont interdites, toutes les boutiques fermées, les églises elle-mêmes ne s'ouvrent qu'une heure le matin.

Un grand mouvement dans ces jolies petites rues coquettes et propres. Beaucoup de dames en mantilles et toilettes exclusivement noires ; les femmes de catégories inférieures avec des loques de dentelles également noires.

Une invitation nous arrive pour assister aux « Processions » dans la loge du Gouverneur auquel nous avons été recommandés ; c'est à deux heures que ces fameuses « Processions » passeront devant l'Hôtel-de-Ville et les loges officielles. Nous nous y rendons après un déjeuner vraiment « pénible » tout aux sauces rouges.

Nous y sommes reçus par la « Gouvernante » très aimable et intelligente petite femme, fille d'un maréchal espagnol et élevée à Paris au Roule, c'est-à-dire parlant français dans la perfection. La place sur laquelle se trouvent les loges officielles du Gouverneur, du Maire, du Général, celles du grand monde de Séville et des rangées de chaises louées, est littéralement bondée.

Toutes les fenêtres du haut en bas des maisons qui entourent la place, débordent de curieux. Notre loge voisine celles du Maire et du Général (ou « Capitaine Général »), toutes trois se distinguent des autres par leurs officiels fauteuils de velours rouge. Au dessous de nous, toute la « haute » de Séville en mantilles de chenille noire (la dernière mode) ou en chapeaux noirs; les hommes en redingotes, chapeaux hautes formes. Les gros personnages ont revêtu leurs insignes et décorations; le capitaine général seul n'est pas en uniforme: en Espagne il n'y a que le simple soldat que l'on voie circuler en tenue militaire.

Tout en attendant, on admire la jolie et élégante flèche de la Giralda, autrefois tour d'astrologue, aujourd'hui clocher de cathédrale; et on regarde tout ce monde qui bavarde avec agitation ; c'est en vain que je cherche de jolis types; sauf quelques jeunes filles de quinze ans, fines et piquantes, les Andalouses sont décidément épaisses et communes, et font penser à de belles grosses cuisinières; les hommes rappellent tous, ou presque tous, des pruneaux tapés ou des dentistes, genre américain. Mais bon Dieu, quels yeux ont tous ces gens-là! Ils lancent des éclairs : on dirait du vitriol ou des coups de poignard! Heureusement voici quatre ou cinq Valenciennes aux traits délicats, à la couleur fine, avec de beaux yeux doux de gazelles apprivoisées, oh très apprivoisées ! des cheveux auburn, et ces teints mats si exquis de roses-thé. On nous montre une très jolie jeune fille de quatorze ans avec son fiancé, qu'elle épouse dans quelques jours, le cas est fréquent. On est presque toujours fiancée avant d'entrer dans le monde et on y débute à quatorze ou quinze ans. N'est-ce pas d'ailleurs l'âge où la beauté espagnole bat son plein; à vingt ans, même la femme du monde qui se soigne, ou du moins le pourrait faire, commence déjà à se faner et à s'avachir.

Après une heure d'attente nous voyons enfin deux pénitents masqués s'avancer vers le Maire, qui se lève, le saluer et lui dire quelques mots à l'oreille; c'est la permission de passer qu'ils viennent demander au nom de la « Procession »; cinq minutes après on entend une musique, un « crin crin » quelconque et on voit déboucher de la « Calle de la Sierpes » — la rue de la Paix de Séville — (une rue de la Paix en miniature) une large plate-forme (Paséo) sur laquelle repose une statue grandeur nature, toute chamarrée de bijoux, vêtue d'un long manteau de velours à riches broderies d'or et d'argent. C'est une des innombrables vierges que nous verrons défiler ainsi; elle apparaît toute entourée de cierges allumés. Une trentaine d'hommes portent le Paséo, plus ou moins dissimulés par des draperies superbement brodées, La statue s'arrête devant le Maire, c'est-à-dire devant nous — Tout le monde alors se lève, les hommes se découvrent; je regarde bien, pas le moindre signe de croix ni de génuflexions. L'aimable « Gouvernante » s'empresse de me passer sa lorgnette pour que rien ne m'échappe, ni de la magnificence des bijoux et du manteau, ni de la beauté de la Vierge, œuvre de Montanès s'il vous plaît! le grand sculpteur madrilène. La statue est en bois peint; sa figure seule est visible et jolie; le reste du corps est couvert, et richement paré. Superbes aussi les dentelles et les bijoux — les larmes elle-mêmes sont en diamants; le manteau vraiment royal en velours rouge brodé d'or, mesurant 3 mètres de long, don de la reine Isabelle. Il y en a là, nous dit-on, pour 200 ou 300,000 francs au moins.

Après une pause de quatre ou cinq minutes, pendant lesquelles les enfants de chœur ont encensé la statue, la procession se remet en marche, la vierge toujours précédée et suivie de pénitents portant des cierges. Deux prêtres seulement, quelquefois il n'y en aura qu'un. La population a l'air satisfait, heureux, mais reste silencieuse. Quant à mes voisines, elles sont dans l'enthousiasme. « N'est-ce pas qu'elle est belle ! Et ses bijoux ! » Et comme je m'informe d'où proviennent tant de richesses, on me conte qu'il y a quelques jours encore, un homme très riche, du grand monde de Séville, avait, en mourant, légué à une des Vierges que je verrai tout-à-l'heure, tous les bijoux de sa femme, évalués à environ deux cent cinquante mille francs. Le cas n'est pas rare.

Tout à l'heure aussi, je verrai le fameux boucher qui a employé les 20,000 fr. gagnés à la loterie à se confectionner un magnifique costume romain pour suivre les processions, costume avec lequel il est le plus heureux et le plus fier des Sévillians.

Mais ce sont généralement les confréries, groupées autour d'églises et de chapelles, (on en compte environ 50 à Séville) qui se cotisent pour orner leurs Vierges — l'amour-propre s'en mêlant, fait faire de vraies folies. Beaucoup de femmes du monde se font gloire de prêter leurs bijoux pour la circonstance.

On nous explique que, très heureusement, il fait beau temps, sans quoi, ou les processions ne sortent pas, et on les remet au lendemain, ou, quand le temps est aux averses, les statues s'abritent momentanément dans les seules maisons restées ouvertes, les cabarets ; usage dont personne ne songe à se formaliser, mais « qui est plein d'inconvénients », nous avoue-t-on gravement ; les porteurs en profitant pour boire et trop boire ; « de là bien des incidents regrettables » (*sic*).

Ces porteurs sont des Espagnols du nord, ceux de Séville n'étant pas assez vigoureux, qu'on paie cinq francs par jour ; leur tâche dure depuis le Jeudi-Saint midi jusqu'au Vendredi sept heures du soir, sans presque aucun répit, même la nuit. Naturellement, pendant les deux ou trois heures qu'ils ont pour se reposer, sous le prétexte de prendre des forces, généralement ils se grisent.

Tout à coup un cri retentit ! chacun bondit sur sa chaise ; le Gouverneur va, court aux renseignements. Je sens qu'on est anxieux et qu'on attend son retour avec une impatience inquiète. Quand il revient, il a le sourire aux lèvres : « Ce n'est rien, dit-il à sa femme, « seulement une dame qui se trouve mal. » On sent que la « Gouvernante » respire plus à l'aise. En effet, c'est son mari qui répond de l'ordre ; « or, les vols et les coups de couteau sont très fréquents ici, et comme ils effraient les étrangers, Séville ne les lui pardonnerait pas. » — « Mais ne sont-ils pas coffrés ? » dit une voix derrière moi. — « Naturellement », répond une autre, « cependant les évasions

sont toujours à craindre ! » Très intriguée, je
le laissai paraître, et le chef de police, homme
charmant, m'expliqua gravement qu'il y a
un certain nombre de « voleurs ordinaires »
à Séville, que chacun connaît plus ou moins
de vue, et dont on ne s'occupe pas en temps
habituel ; « mais pendant la semaine sainte, à
cause des étrangers, nous coffrons ces bons
voleurs *(sic)* le Mercredi-Saint pour les relâ-
cher le lundi de Pâques. C'est plus sûr ;
d'ailleurs, » ajoute-t-il, d'un air moitié souriant, moitié grave, tout à fait couleur locale,
en ce pays de l'amour par excellence, « c'est
toujours par amour qu'ils font leurs mauvais
coups, les pauvres diables ! »

Voilà une seconde ambassade de pénitents
qui s'approche du maire ; mêmes cérémonies,
c'est une autre paroisse qui va défiler.

Cette fois, une douzaine de petites filles,
frisées en anges, avec des ailes, viennent
embrasser le maire ; involontairement, un
souvenir profane, celui de notre vieux bœuf

gras d'autrefois, traverse la pensée ! Elles précèdent une vierge encore magnifique, toute resplendissante de bijoux. Une femme toute voilée et portant un cierge suit à pied ; c'est un vœu. Nous aurons l'occasion d'en voir plusieurs dans cette journée. Puis, à intervalles, des Christs de Montanès et d'autres, et toutes les scènes de la Passion, jusqu'à l'ensevelissement et la résurrection figurés par des statues isolées ou groupées, toujours en bois peint et richement « caparaçonnées ». Mais ce qui domine, ce sont les Vierges.

Ce spectacle devient bien vite fort monotone. Cependant, impossible de s'en aller ; on ferait scandale. D'ailleurs on vous retient, en vous disant, après chaque procession, que la prochaine est « la plus belle, qu'il ne faudrait surtout pas la manquer, » et on reste.

La Vierge la plus magnifique est la Macarena de la paroisse des Gitanos. C'est aussi, paraît-il, la plus aimée, et le soir, quand Elle rentrera dans son Eglise, les fidèles chanteront autour d'Elle et danseront avec Elle, en lui prodiguant les déclarations les plus passionnées et les noms les plus étranges, la traitant enfin tout à fait à la façon d'une belle fille dont ils sont amoureux. Leur excuse sera dans une ivresse où le vin a sa part autant, si ce n'est plus, que le fanatisme religieux.

Il est sept heures, je n'en puis plus. Autour de moi on se donne rendez-vous pour cette nuit, deux heures ; je prétexte la fatigue du voyage pour ne pas revenir à cette heure bizarre et incommode, mais je vois aux regards de pitié mêlés d'une nuance imperceptible de mépris, que je suis en train de ce qu'en terme de collège on appelle « piquer une mauvaise note ».

Le lendemain matin nous voulons faire connaissance avec les jolies et gaies petites rues grouillantes, aux coquets balcons verts, aux pittoresques Patios remplis de fleurs et aux frais jets d'eau que le regard aperçoit le jour, au travers de petites grilles fines et légères comme une dentelle, et le soir, ce qui est d'un effet charmant, à la lumière vague d'une jolie lampe suspendue. C'est l'Orient avec ses mystérieuses cours intérieures, mais un Orient confortable et coquet. L'été, le Patio, à cause de sa fraîcheur délicieuse, passe au rang de salon ; on s'y installe au milieu des fleurs et des eaux jaillissantes, séparé seulement de la rue par la jolie grille provoquante comme un coquet voile de gaze. La grosse porte protectrice ne se fermera qu'à l'aube, lorsque cette population de noctambules ira enfin se reposer.

Il paraît qu'une fois désertes ces si séduisantes petites rues ne sont pas toutes d'un accès sûr, mais combien celles où se porte la foule sont donc ahurissantes ! Et effrontés les propos de ces hommes allant, venant, s'agitant, causant bruyamment ! effrontés, mais toujours galants. Nous n'avons pas besoin de comprendre l'espagnol pour devi-

ner ce qu'ils nous disent si gaiement, histoire, nous assure-t-on, de rire et de faire
rire les femmes. En effet, il est bien difficile
vraiment de ne pas sourire à tant d'exagéra-
tion méridionale. Mlle de X... et moi, en notre qualité de blondes, attirons tout spécialement les lazzis de ce peuple noir, ravi du
changement de décor que nous lui offrons
avec nos cheveux et nos teints clairs. Mais
c'est à Grenade que les blondes semblent être
le plus appréciées. C'est ainsi que je reçus le
pittoresque surnom de « Reine d'Espagne »??
dû sans doute à la curiosité qu'excitaient et
ma couleur de femme du Nord, et ma taille
qui n'a rien d'espagnol.

Nous finissons d'ailleurs par nous habituer
à merveille à l'effet que nous produisons, et
Mlle de X..., toute jeune fille qu'elle est,
supporte sans sourciller les propos fort vifs,
paraît-il, que nous provoquons et dont je ne
saisis que... l'essence.

Dans l'après-midi nous retournons à la

loge du gouverneur où je suis reçue par un *tolle* de regrets-reproches. « J'ai eu bien tort de ne pas venir cette nuit ; c'était superbe ! » Cependant je m'informe auprès d'un Sévillan qui me semble plus calme que les autres ; ce sont les processions du vendredi qui sont réellement les plus belles. Nous allons bien voir.

Eh bien ! c'est toujours la même chose. Mais quel est donc le nombre de ces statues ? Impossible de le savoir au juste ; tout ce que je retiens c'est qu'il y a vingt-cinq paroisses et vingt-cinq chapelles dont la plupart possèdent plusieurs Vierges, qui toutes défilent trois ou quatre fois.

Aujourd'hui le gouverneur, le maire, tout le conseil municipal, le chef de la police, et le capitaine-général suivent les processions à pied — total 10 heures de promenade — en habits et insignes, chapeaux bas.

Et comme je m'en étonnais, un Sévillan sceptique qui a beaucoup vécu à Paris, me dit en souriant : « Comme vous allez vous moquer de nous, en revenant à Paris ! On ne voit pas ces processions sur le boulevard des Italiens, n'est-ce pas ? » Et il se tord de rire. Heureusement je n'oublie pas que ces processions sont les fêtes nationales de Séville, que tout bon Sévillan, au fond, en est fier, et sent battre son cœur pendant ces interminables et monotones défilés, qui ne sont pour moi que de mauvaises caricatures des fêtes païennes.

J'apprends que la crainte d'être lapidées par le peuple empêche les autorités de se dérober au vieil usage Sévillan les obligeant à suivre les processions du Vendredi-Saint. Le parti libéral assez nombreux à Séville proteste contre ces traditions d'un autre âge, mais sans avoir le courage cependant de le faire ouvertement pendant les jours saints, en raison des gains considérables que la ville retire à ce moment de la présence des étrangers.

Quant au clergé, on m'assure qu'il n'est nullement enthousiaste, mais il se tait, trouvant là d'ailleurs pour lui des avantages de toutes sortes. Très dissolu, paraît-il, ce clergé de Séville, et donnant raison à ce dicton bien espagnol : « Si tu veux un bon mois, tue un cochon ; une bonne année, marie-toi ; une bonne vie, fais-toi moine. » Aussi autrefois le nombre des clercs à Séville atteignait-il le quart de la population adulte ! Pas d'évêque ou de chanoine, nous dit-on, qui n'ait ostensiblement sa maîtresse. Un des sports très en vogue chez les jeunes gens du parti libéral est de faire la cour à ces maîtresses de prêtres. « C'est très drôle » m'explique-t-on, « pas de coups d'épée à donner, ni à recevoir, les prêtres n'osant se fâcher ouvertement, mais gare par exemple au poignard anonyme ! C'est souvent qu'il intervient, les prêtres étant généralement d'humeur très jalouse et très autoritaire, supportant mal qu'on les trouble dans leurs amours. »

Le soir, toutes ces statues vont quitter leurs vêtements qui rentreront dans les trésors des diverses paroisses ou chapelles. Leur toilette aura été, pendant les cinq ou six jours précédant les processions, la grande occupation des dames de charité. Elles n'auront pas parlé d'autre chose.

Chaque année, et selon l'argent dont disposent les confréries, on ajoute des broderies aux manteaux des Vierges; de là cette richesse vraiment inouïe.

On ne verra pas cette année la procession de la confrérie des pénitents dits « du Silence » exclusivement composée d'hommes du grand monde de Séville. Elle a lieu ordinairement à deux heures du matin aux flambeaux. L'effondrement de la cathédrale, paroisse de cette confrérie, en est la cause.

J'ai pu, la nuit étant venue, juger de l'effet de ces promenades aux flambeaux. L'amélioration est sensible. Les ficelles et les détails, tout à fait primitifs comme nous l'avons dit, de la mise en scène, se trouvant mieux dissimulés. des signes d'exaltation commencent à paraître dans la foule ; par ci, par là quelques chants enthousiastes, quelques cris de fanatisme religieux, mais rares. Le public est impassible et parle de ses petites affaires, évitant seulement toute démonstration exagérée de gaieté.

Ouff ! c'est fini ! je n'en suis pas fâchée, mais je me garde bien de le laisser paraître, les dames qui m'entourent paraissant toutes attristées de la fin de ce spectacle.

On se dit : « au revoir, à dimanche ! aux Taureaux n'est-ce pas ? Mettrez-vous des mantilles ? oh oui ? Voulez-vous que nous allions vous les poser ? »

Mettre, ou ne pas mettre une mantille pour les Taureaux du dimanche de Pâques, est, on le sent, une grosse et importante question ; plusieurs fois hier et aujourd'hui nous l'avons entendue agiter autour de nous. Cela nous amuse de sortir nos mantilles, nous en avons de belles, nous les mettrons. — Nos Sévillanes sont ravies. « Des blanches, n'est-ce pas ? » Nous les rassurons — la mantille noire eût été une véritable fausse note. Alors chacun disserte gravement sur la pose de nos mantilles, nous proposant très aimablement son conseil et son aide.

Mais notre ami, le chef de la police, intervient pour déclarer que la sœur de la patronne de notre fonda, Mlle Carmen, est « une des femmes qui posent le mieux la mantille à Séville » *(sic)*. Il ira lui parler pour qu'elle se mette à notre disposition.

Voilà beaucoup d'embarras ! mais il vaut mieux être aussi bien que possible, d'ailleurs nous sentons que nous faisons un grand plaisir, presqu'une politesse à ces aimables gens en nous inclinant devant cet usage sévillan !

Samedi-Saint : C'est aujourd'hui, à dix heures, que tout se rouvrira à Séville, au son des cloches, retour de Rome: les églises, le musée, l'Alcazar, la maison del Pilar, hermétiquement fermés pendant ces deux jours; les voitures, les tramways, ces tramways à mules si pittoresques, reprendront leur service : Séville enfin, sera rendue à la circulation... et à la vie profane.

A dix heures précises, nous sommes à l'Alcazar, où nous gagnons le moment de l'ouverture du Musée qui n'a lieu qu'à onze heures.

Très curieux l'Alcazar, plein de souvenirs. Mais quels abords délabrés et lugubres! on dirait une prison; et au-dedans quelle tristesse encore! Jolis les jardins, avec toutes leurs eaux jaillissantes, et amusante, la petite terrasse circulaire qui les domine.

Onze heures! le Musée va ouvrir! J'y cours, malgré mes compagnes espagnoles qui voudraient m'entraîner dans les églises « pour voir de près les Vierges, très curieuses, » me disent-elles, « davantage que le Musée !» Mais j'ai assez des Vierges, et je prétexte mon état... d'artiste pour me défiler.

Imaginez dans une seule pièce, sorte de grand hangar, 186 tableaux et 12 sculptures tous remarquables !

Zurbaran ! Qui connaît Zurbaran avant de l'avoir vu à Séville ? ce « Tintoret » et non « Caravage espagnol », comme on l'appelle ici à tort.

A citer de lui : Le repas des Moines (superbe), saint Bruno contant au pape sa vision, celle qui lui ordonne la fondation d'un nouvel ordre monastique, œuvre immense et de foi profonde, un saint Jérôme, un saint Thomas de Villeneuve, et une Ascension superbe.

Et Murillo ! Qu'il est différent du Murillo que je m'imaginais, de celui vu au Louvre. Je ne pouvais le reconnaître dans cette peinture puissante, dans ce dessin Raphaëlesque, c'était une révélation pour moi.

Murillo a là douze tableaux, dont six sont de vrais chefs-d'œuvre : saint Antoine de

Padoue et l'Enfant — un vrai rêve de foi mystique, — saint Léandre et saint Bonaventure, œuvre robuste et magistrale, une Nativité du Christ, plus tendre encore que celle du Corrège, un saint François et l'Enfant Jésus, un saint Jérôme et les anges, enfin un saint Joseph et l'Enfant dans ses bras.

Voici encore trois beaux tableaux qui vous frappent par leur vigueur : un saint de l'ordre de saint François, un saint Bazille accompagnant les apôtres, et trois saints entourés d'anges ; ils sont de Herrera, un grand peintre encore qu'on ne rencontre guère et qu'on ne connait qu'au musée de Séville !

A noter aussi : de Valdès Bréal, un superbe saint Jérôme porté par les anges ; de Roélas un martyre de saint André, sainte Anne et la Vierge.

Puis enfin plusieurs statues en bois peint de Montanès, un saint Bruno et un saint Dominique, un saint Jérôme de Torrégiano, très naturaliste.

Je me dis que je n'aime décidément pas ces bois peints; à Grenade pourtant Mora me fera changer d'avis.

Ce petit Grand Musée vous enchante. On y est frappé de la foi puissante, débordante de ces peintres Sévillans aux chauds tempéraments de méridionaux.

Mais l'heure s'avance et, si nous tardons, la maison del Pilar sera fermée. C'eût été dommage. Elle est très intéressante et nous a infiniment plus frappés que l'Alcazar. Les Medina Cœli auxquels elle appartient ont la prétention de descendre de la famille du Christ, aussi nous montre-t-on divers objets ayant figuré à la Passion, tels que le balcon d'où Pilate aurait assisté au crucifiement de Jésus. C'est un petit ridicule que les très beaux azuléos (faïence à reflets métalliques), qui ornent cette curieuse demeure, nous font vite oublier.

A cinq heures nous allons voir en nombreuse compagnie, la « Tablada de Toros » de demain. Arrivés hier de leurs prairies, les taureaux se reposent, paissant jusqu'à ce soir en liberté. sur une grande pelouse à une demi-heure de Séville, entourés de leurs gardiens à cheval, et surveillés par de gros bœufs. Aucun vrai Sévillan ne voudrait manquer à cette « visite aux taureaux ».

« Il faut que vous caressiez un des taureaux comme je l'ai fait l'année dernière », me dit tout à coup une des charmantes jeunes femmes qui nous font les honneurs de Séville. Pourquoi pas ? — et je m'approche de très près ; déjà je suis à bonne distance pour toucher l'un des taureaux ; il n'y a plus ni bœuf ni gardien entre lui et moi. Cet animal a l'aspect fort paisible mais l'œil est traître, impénétrable..! — Un accident serait si ridicule ! Et je préfère renoncer à cette petite gloriole que je n'aurais probablement pas méprisée de la sorte dans ma jeunesse.

Tout le Séville élégant et sport est là qui

regarde les animaux et interroge avec anxié-
té les gardiens et les connaisseurs sur les
chances de férocité des combattants à la
« plaza » de demain. Comme toujours, on
rassure le public en affirmant que tous ces
taureaux sont excellents, ce qui veut dire :
seront terribles. Mais notre courrier espagnol
nous fait entendre que le vrai bon taureau
n'a toute sa férocité qu'en juillet et en août ;
qu'il lui faut les grandes chaleurs, que la
saison est bien en retard, encore fraîche ;
enfin, que les animaux amenés aux plazas
ne sont pas en âge de combattre. Voilà qui
est triste !

A quelque distance, dans une plaine à
perte de vue, des cavaliers pourchassent à
toute vitesse, sur de petits chevaux, de jeunes taureaux. C'est la chasse au « lasso » des
Novillos, sport très à la mode parmi la jeunesse espagnole. Le roi Alphonse XII y était
très habile. Notre guide, très loquace, nous
conte très fier, que « fanatique des taureaux »,

(sic) le jeune roi s'amusait parfois à faire le torero dans des costumes splendides « qui lui allaient à ravir », *(sic)* « mais ce sport n'était pas du goût de la Reine » ajoutait-il avec un mépris mal déguisé. Et levant les épaules et hochant la tête : « Que voulez-vous ! elle est si peu espagnole ! »

Décidément notre cicerone a raison, nous n'aurons pas de belles courses demain; les connaisseurs ne nous laissent aucun espoir. Nous aurons cependant comme « espadas » Espartero et Socrato; le premier est un audacieux, et, en raison de cela, le grand favori du peuple qui se réjouit à l'avance et applaudira demain avec frénésie à ce que les purs, les « afficionados » taxent d'imprudences tout-à-fait contraires aux règles du vrai art de la tauromachie. Frasquelo et Lagartijo me semblent être les grands maîtres dans ce sport espagnol — les artistes. Tous deux sont de gros personnages fort riches — 200.000 livres de rentes, nous dit-on, (mais l'Espagnol est bien un peu cousin germain de notre Marseillais!) Dernièrement, Lagartijo ayant marié sa nièce lui a donné de magnifiques bijoux, un châle de cachemire de 10.000 francs, et tout Madrid a parlé de cette noce somptueuse.

Les toreros ne sont pas reçus dans le monde. Une fois, le duc de Fernan-Nunez, sur la demande du prince de Galles, a invité Frasquelo et Guérita à une de ses soirées, mais la condition était qu'ils viendraient en costume et comme toreros. Cependant un certain nombre de jeunes gens leur demandent des leçons de « lasso » et se lient forcément avec eux, aussi sont-ils souvent salués, quelquefois même reçus officieusement.

En quittant la « tablada », on vient se montrer à la jolie promenade de « Las Delicias » qui longe d'un côté la belle propriété de San-Telmo au duc de Montpensier, de l'autre le Guadalquivir. Là, beaucoup de monde, mais peu d'élégance; des équipages de toutes les paroisses, c'est le cas de le dire, et où le mauvais goût domine depuis l'attelage de mules et celui à trois chevaux jusqu'au mail et au handsom, celui-ci excitant encore la stupéfaction du pur Sévillan.

Mais ce qui est superbe, c'est le vrai beau cheval andalou et son cavalier dont la tenue en selle est si originale et si gracieuse. Ah le cheval andalou ! c'est tout un poème de grâce et de puissance ! Toujours en action, toujours ondoyant et toujours vigoureux, qu'il caracole ou aille au pas, son cou puissant et fier, ce cou que Velasquez a si bien compris, sans cesse courbé pour ronger son frein, la crinière longue et fournie, comme la queue qui flotte au vent, l'œil grand et ardent, des formes parfaites, on ne peut rêver un plus bel animal ! Assis sur une large selle rouge posée à la façon de nos spahis, haute sur le cou de l'animal, le corps du cavalier andalou semble rivé à sa monture et, souple et fier, lui aussi, ne faire qu'un avec elle !

Le soir, nous allons voir les gitanos dans un petit théâtre-café très primitif. Nous y retrouvons la Macarona, retour de Russie, où un prince l'avait emmenée après l'avoir enlevée l'année dernière au Champ-de-Mars. Singulière idée vraiment! fantaisie incompréhensible! Laide et gitana jusqu'à la moelle, cette Macarona! elle a dû s'ennuyer terriblement dans la civilisation et le luxe. Ses impressions russes m'ont été promises et pourront être curieuses.

Aussi la voilà revenue à sa troupe où elle a repris son rang d'étoile de moyenne grandeur et où depuis neuf heures du soir jusqu'à quatre heures du matin elle exécute quotidiennement danses, chansons, comédies, devant un public exclusivement composé de muletiers et d'ouvriers débraillés, mais idolâtre. Quels applaudissements dans cette salle enfumée! et aussi parfois quels cris de fureur, lorsque par hasard cette étrange population n'est point satisfaite. Très curieux l'aspect de ce rendez-vous, paraît-il, des brigands de Séville ! De vrais types de brigands en effet ces hommes basanés toute la nuit attablés devant du chien-chin (cette eau-de-vie qui du premier verre grise les plus solides), fumant, s'amusant avec rage, et suivant l'œil en feu, tout l'être tendu, ce spectacle qui est bien à eux et ne se donne que pour eux. Il est fort heureux pour nous, paraît-il, que tout ce monde s'amuse, sans quoi, nous observe notre aimable cicerone, « nous pourrions bien passer un mauvais quart d'heure. »

Les théâtres de l'Exposition nous ont édifiés sur la monotonie des chants espagnols. L'un de ces derniers cependant me frappe ; il est dédié à Espartero, le grand favori du peuple, un des toreros de demain, le refrain que reprend en chœur avec une furia étonnante tout ce public enthousiaste, est une ironie aux taureaux, et commence ainsi :

« Là où tu as laissé passer le brave des braves, Espartero, l'audacieux des audacieux, le grand imprudent, tu laisseras passer tous les autres et avec toi, la mort n'est guère à craindre, etc... » L'effet de cet enthousiasme exubérant comme toutes les démonstrations espagnoles, est saisissant, vous brûle comme un fer rouge et vous voilà emballé avec tout ce monde étrange pour Espartero !

Après ces chants, les inévitables danses du ventre plus discrètes que celles du Champ-de-Mars, (exagérées sans doute en l'honneur de l'étranger,) mais toujours monotones et répugnantes. Puis des comédies-drames, éternelles scènes de brigands jouées avec une humeur endiablée et une naïveté sauvage pleine de saveur.

Notre loge, il y en a deux dans ce singulier théâtre, a vue sur les couloirs, curieux aussi. Qu'on s'imagine, dans de petits espaces d'environ un mètre sur quatre, tout un monde d'hommes, de femmes, d'enfants, buvant et fumant, riant, bavardant, flânant, des mères qui allaitent leur bébés, des chiens, des chats qui vont et viennent à leur gré, et jusque sur la scène, d'où un coup de pied vigoureux les renverra provisoirement dans la coulisse. Vrai grouillement de sauvages en goguette ! Sur les douze acteurs et actrices composant cette troupe, pas un beau type. Tout l'horizon de ces gens à l'air idiot, absolument incultes, récalcitrants à toute civilisation, condamnés par l'abus de l'alcool et des veilles à ne vivre que peu d'années, se limite à leur Alcazar, à la boisson, aux cigarettes, aux fleurs, aux couleurs voyantes et aux pièces de monnaie dont les filles surtout sont folles ; cependant, malgré l'espèce d'hypnotisme exercé sur elles par la vue de l'argent, jamais, nous assure-t-on, ces filles ne se donnent par intérêt et très rarement à un étranger, même à un Espagnol. Toutes leurs faveurs sont réservées aux gitanos dont elles sont les choses ; le père, le frère, quand l'envie leur en prend, y passent le plus naturellement du monde, à la primitive façon des animaux.

Le plus grand des crimes est, pour les gitanos, de quitter leur Alcazar, aussi la Macarona, à la suite de sa fugue russe, n'a-t-elle dû son salut qu'à l'enthousiasme du public Sévillan qui, dans sa joie de la revoir, la protégea contre l'indignation de ses camarades. On nous explique que les gitanos sont « absolument incivilisables ». S'en est-on bien assuré ?

Dans la loge faisant vis-à-vis à la nôtre trois ou quatre Anglais ivres-morts, quoique fort bien mis, ce qui, on le sait, n'est pas incompatible, font signe, l'air très surexcité, aux prime-donne de monter auprès d'eux. Ils leur paient à boire, leur achètent des fleurs et causent avec elles, par gestes bien entendu. Tout en faisant consciencieusement « marcher la consommation », ces filles gardent et garderont jusqu'à la fin, nous assure-t-on, une tenue fort convenable.

Tout-à-coup nous voyons tressauter notre ami le chef de la police et l'entendons mur-

murer : « Ah ! le voilà donc, ce gredin qu'on ne pouvait retrouver !... demain tu seras pincé, mon ami ! » Nos yeux suivent les siens et il nous montre, se promenant au milieu de ce charivari, un individu dissimulant son visage sous une casquette très enfoncée, un panier chargé de fleurs au bras, et distribuant, fort tranquillement, sa marchandise aux gitanes ravies. C'est, paraît-il, un des plus fameux et des plus dangereux brigands de Séville. Véritable déveine pour lui, que la présence du préfet de police dans ce bouge où on ne rencontre ordinairement, en dehors du public habituel, que des étrangers aventureux. Mais je doute fort, qu'en fin de compte, ce pauvre diable ait été molesté. On est si bon à Séville !

Nous goûtons au fameux Chien-chin. C'est une façon d'anisette dont le goût est douçâtre, on a peine à le croire aussi terrible.

A minuit nous en avons assez de ce spectacle monotone, au grand désespoir de notre cicerone ; le beau moment n'est pas encore venu, la troupe pas assez intoxiquée, et vers deux heures du matin seulement la fête sera dans son plein..... Mais nous n'en pouvons plus, et nous quittons cette salle enfumée, un peu gênés par tous ces regards sauvages qui nous suivent avec une insistance tout à fait inquiétante, parfaitement désagréable, aussi ne nous sentons-nous tout-à-fait à l'aise qu'en retrouvant le grand air et ce bon gaz protecteur !

L'Exposition est ici accusée d'avoir tout gâté. Autrefois ce petit théâtre avait un bien autre cachet ; construit en planches, sans décors, arrangé en hâte selon le sujet traité, ce n'est qu'au péril de ses jours qu'on y pouvait pénétrer, et grâce seulement à une « bonne chance » qu'on sortait indemne de ces rixes, allant jusqu'au sang, et si chères aux Espagnols.

Nous nous disons au revoir, à demain., aux taureaux !

DIMANCHE DE PAQUES

Mlle Carmen a été prévenue par notre aimable ami, et la voilà qui vient nous offrir ses services pour la fameuse « pose » de nos mantilles, et aussi de splendides œillets rouges mesurant une vingtaine de centimètres de tour, galamment envoyés à chacune de nous. C'est le grand chic à Séville.

Mlle Carmen se surpasse et..... nous partons pour « les taureaux » émus comme il convient de l'être.

Le cirque très beau, immense, est bientôt bondé. Mais que de déceptions nous attendent !...

D'abord, peu de couleurs brillantes, point de costumes, quelques rares mantilles blanches, c'est à se croire à Paris ! Première déception. Pauvre mantille blanche ! elle est si jolie, si élégante ! Si elle disparaît des « Plazas » où la retrouvera-t-on désormais en Espagne, puisqu'on ne la tolère ni dans les visites ni dans les Eglises !

Les courses commencent, seconde déception. De malheureux chevaux éventrés et recousus déjà trois ou quatre fois, de vraies rosses, se tenant à peine debout, toutes tremblantes les pauvres bêtes, en pressentant ce qui les attend. Véritables victimes, sacrifiées aux amateurs de sang, qu'on ne parvient à faire avancer qu'en leur bandant les yeux, et en les faisant frapper par deux hommes spécialement affectés à ce service inhumain ; que le premier coup de corne étendra à terre et sur lesquels on laissera le taureau s'acharner tout à son aise dans les conditions les plus hideuses.

Troisième déception : des taureaux qui ne demandent qu'à s'en aller, et implorent cette grâce avec des regards humbles et suppliants.

Quatrième : des toreros très adroits, mais

fort prudents, qui manquent souvent leurs coups.

Cinquième déception : pas le moindre enthousiasme, cet enthousiasme espagnol qui grise et fait oublier, dit-on, « les horreurs. » Aussi suis-je bien tentée de serrer la main d'une Anglaise indignée qui se trouve derrière nous et s'écrie d'un ton pathétique, au milieu des murmures : « Ah! combien je remercie le Seigneur de ne pas appartenir à une nation capable de pareilles monstruosités!... » Ce qui d'ailleurs ne l'empêche pas, détail éminemment britannique! de prendre d'un crayon nerveux les notes les plus circonstanciées sur tout ce qui se passe.

Eh bien! elle avait raison cette vieille Anglaise. Ce spectacle, tel qu'il est, est décidément ignoble, barbare, contraire à toute civilisation. Rehaussé par un vrai danger pour l'homme, exigeant par conséquent un courage remarquable, il aurait peut-être sa grandeur, mais le taureau est un si sot animal,

qu'une simple petite loque rouge suffit toujours à se garer de lui et à inutiliser sa seule
défense — sa force. — A voir ce gros animal
régulièrement, toujours naïvement pris au
même piège, comme un enfant sans malice,
si peu de taille à lutter, on se sent plein de
pitié pour lui, d'indignation pour ses bour-
reaux. Quel est le seul danger que court le
torero ? de glisser, et encore ! ses camarades
ne sont-ils pas là nombreux et toujours prêts
à agiter la fameuse et infaillible loque qui
détournera le danger. Le taureau ne s'acharne
jamais que sur les chevaux morts que ne
protège plus le chiffon rouge. Reste l'adresse
des toreros et des banderilleros qui est réelle
ainsi que leur grâce, charmante à voir, presque artistique. Mais, rue Pergolèse, ne nous
donne-t-on pas le spectacle de cette même
adresse, sans tueries, avec de beaux chevaux au lieu de rosses et une mise en scène
bien autrement belle ?

Décidément plus intéressantes à mon avis,

les courses des très jeunes toreros à leurs débuts. Ils déploient alors une audace vraiment extraordinaire, risquant leur vie à tout moment comme des fous, par amour du danger et de la gloire. Mais singulièrement énervantes ces courses que j'ai pu apprécier l'an dernier à Saint-Sébastien !

Il paraît qu'à l'heure actuelle l'Espagne des courses de taureaux s'est beaucoup refroidie ; seuls le peuple et quelques dilettanti conservent le fanatisme ancien, le fanatisme dont les mauvaises courses d'aujourd'hui ne m'ont pas permis de contempler les démonstrations si pittoresques, au dire universel.

Après les taureaux on va se promener et échanger des impressions à Las Delicias ; tout le monde est mécontent, morose, c'est décidément une course ratée.

Nous croisons les toreros en grands costumes, entassés dans un petit char-à-banc primitif attelé d'un seul très modeste cheval ; personne ne paraît faire attention à eux, du moins sur l'aristocratique promenade de Las Délicias.

En rentrant à l'hôtel, nous trouvons une loge pour le Grand Théâtre, ou Mmes Borelli et Pasta, les grandes favorites de Séville, chantent ce soir *la Gioconda*. Toute la ville y sera.

Très curieux les bureaux de location s'ouvrant sur la rue d'où l'on prend ses billets en faisant la queue sur le trottoir. On arrive dans l'intérieur du théâtre, gai et élégant, par des couloirs puants, brossés à la chaux, où l'on fume et crache avec rage comme on fait toutes choses dans ce pays exubérant; on se croirait dans un mauvais cirque de village. Les toilettes sont peu brillantes, et les femmes généralement laides, sauf une, ravissante — est-ce bien une Espagnole? — qui eut « fait » une cire exquise et rappelle les Léonard de Vinci.

C'est religieusement qu'on écoute cette mauvaise musique, et frénétiquement, sans grand discernement, qu'on applaudit. Pendant les entr'actes, tous les hommes allant fumer dans les couloirs, la salle est bien vite remplie d'une vague fumée, et infectée de cette affreuse odeur de cigarettes, la plaie du voyageur en Espagne; je ne crois pas depuis mon entrée dans ce pays avoir rencontré un seul homme sans un cigare ou une cigarette à la bouche; quant aux femmes, sauf bien entendu les gitanes, je n'en ai vu fumer aucune.

J'étais tout à fait attristée de ne pas avoir encore aperçu de beaux types espagnols, quand tout à coup une recommandation oubliée et faite par un ami à la veille de mon départ de Paris, me revint à l'esprit. « Allez » m'avait-il dit « à la fabrique de tabac de Séville, c'est là que vous trouverez une variété étourdissante de jolis types espagnols. » Et vite j'y entraîne mes compagnons. Bien m'en a pris, car cette course est un des plus joyeux souvenirs de mon voyage.

Imaginez dans des salles immenses à puissantes et pittoresques voûtes, roulant des cigarettes, environ 4,000 jeunes filles de douze à quinze ans presque toutes jolies, des blondes, des brunes, des rousses, une vraie variété en effet de types espagnols, la fleur aux cheveux, souriant des yeux et des dents qu'elles ont également superbes, sourires et regards faits de lumière et de vie, formant rayons, pleins de cette naïve et inconsciente curiosité des regards d'enfant; leurs petites mains ardemment tendues vers nous avec une indiscrétion tout à fait couleur locale, murmurant d'un ton d'irrésistible supplication. : « Sou, sou, » pour acheter des fleurs, nous dit-on, leur passion. Toutes ces fillettes sont coquettes, témoin les miroirs ou débris de miroir qu'elles ont près d'elles et consultent à tous moments, auxquels elles ont l'air de tenir autant qu'aux fleurs. Tout ce petit monde aux gaies et belles couleurs, vêtu de loques éclatantes, grouille, rit, l'air heureux de vivre, insouciant de tout, hormis des fleurs qui lui font faire des folies ; ainsi qu'en témoignent les corbeilles instantanément vidées, que portent à leur bras, en arpentant les grandes salles voûtées de la fabrique, des marchandes, que de tous côtés on hèle avec des pst... bruyants et des regards tout chargés de désirs.

« Je ne les rends pas bien malheureuses, vous le voyez, » nous dit le directeur qui paraît tout fier de cette gaieté et nous garantit la naïveté sincère de son petit troupeau. Cependant chaque soir à la sortie de la fabrique une foule de garçons viennent y attendre ces enfants et c'est alors un assaut de plaisanteries et de ripostes fort salées, le directeur n'en disconvient pas, car elles aiment à rire, à « exciter » « mais voilà tout ». Qui sait ? Peut-être bien. Ces filles ont évidemment des pudeurs qui nous échappent ; ainsi nous en trouvons peu qui acceptent la proposition d'un peintre visitant la fabrique en même temps que nous, de faire leur portrait. Les jolies, généralement, sont inflexibles, les laides le sont moins, au grand désespoir du pauvre artiste, grisé, comme nous, par tous ces beaux yeux, toutes ces belles couleurs, et qui n'avait évidemment pas songé à trouver de semblables scrupules dans un pareil milieu.

Il y a cependant des taches au tableau : ce sont ces filles auxquelles le tabac porte à la tête, et qui sont obligées de s'appliquer des emplâtres sur les tempes, et celles, assez nombreuses, qui ont des taies sur les yeux. Car, dans cette patrie par excellence des contrastes, la fatalité veut que les yeux soient ou magnifiques, pleins de vie et de couleur, ou absolument ternis par ces vilaines taies que provoque la crudité de ton de soleils trop intenses.

Deux ou trois parmi les plus jolies ont de belles voix, et les voilà qui entonnent en notre honneur ces monotones chants arabes, sortes de mélopées à la longue tout à fait insipides; heureusement les voix sont fraîches et justes, les petites mines adorables de coquetterie naïve et de gaie malice, et on est charmé.

Peut-on s'imaginer que quelques-unes de ces enfants soient déjà mères? Ainsi cependant l'attestent des berceaux placés près d'elles pendant qu'elles roulent leurs cigarettes. Quelle atmosphère pour ces malheureux petits! Non seulement mères, mais mariées s'il vous plaît — le directeur nous l'affirme.

On sort de là ravi de ces éblouissements de couleurs et de vie, désolé de ne pouvoir revenir les mains pleines de fleurs.

Hélas! je pars le lendemain, désolée aussi de ne pouvoir entrer en communication directe avec tout ce petit monde aux sourires, qui nous dit, avec des airs espiègles, charmants, mille choses évidemment fort drôles.

Les blondes sont ravies de Mlle de X... et de moi; l'une d'elles, littéralement se cramponne à moi et veut qu'on me traduise ce qu'elle dit : « Tu es ma parente, toi avec tes yeux bleus », et de rire aux éclats. « Oh ! les yeux bleus », ajoute-t-elle avec une coquetterie endiablée « ce sont de beaucoup, oh de beaucoup les plus jolis ! » En effet ces jeunes yeux bleus espagnols sont ravissants, plus ardents que les nôtres, coquets et malins, pleins de vie, avec d'étranges reflets métalliques.

La confection des cigares est confiée à des filles plus âgées, dix-huit ou vingt ans, déjà fanées et ayant perdu, avec la fraîcheur ou la beauté, la gaieté et son joli rire. Vive donc la cigarette !

C'est bien en effet à cette fabrique de tabacs de Séville que l'on connaît et comprend la fameuse et traditionnelle beauté espagnole. Elle ne se trouve plus guère que chez le peuple et les fillettes de douze à quinze ans, toujours un peu animale quand la fillette est devenue femme.

Ainsi la Madrilène ayant dépassé cet âge fait songer « aux novillos »; à Séville, le novillos est devenu taureau, l'œil de la Sévillane lance des éclairs et peut être sauvage; et la plantureuse et ardente créature dite « la vraie Andalouse », doit terroriser les hommes autant, plus encore que les charmer. Son regard veut avec rage quand il veut, et comme il doit vouloir souvent et facilement ! Le teint est allumé. On dirait peints les yeux, les cheveux, la grande bouche aux lèvres d'un rouge ardent; tant les tons sont intenses. L'aspect de l'Andalouse est toujours un peu commun, hommasse.

A Grenade le type est plus noble, les hommes plus grands, avec, dans les veines, quelques gouttes égarées par ci par là de pur et aristocratique sang arabe. J'ai déjà parlé de la fine charmeuse Valencienne, une vraie gazelle celle-là ! Mais nulle part je ne retrouve mes petites cigarières et elles me restent dans l'œil comme une palette éblouissante !

Pas du tout intéressante la fabrique de faïences dont les Sévillans sont cependant très fiers. On y voit quelques jolis types aussi, mais quelle tristesse à côté de ce « rire des tabacs ! » Pour y arriver, nous traversons le quartier des gitanos, fort calme, mais où il ne faudrait pas s'aventurer le soir, ni alors à aucune heure dans l'intérieur des maisons, le couteau étant un jeu pour ces sauvages qui s'abritent derrière une irresponsabilité incontestée.

D'ailleurs, tout Espagnol use et abuse du couteau ; nos femmes de chambre nous content que les secondes des trains sont remplies d'hommes étalant à la fois des couteaux-poignards et des chapelets. Ils égrènent leurs chapelets en se signant à toutes minutes sans interrompre leurs bruyantes causeries ni leurs cigares ; tout à coup d'un rien naît une querelle, alors les chapelets sont abandonnés et les couteaux entrent en jeu, si bien que nos cameristes ont tremblé plus d'une fois.

Il y a aussi des chasses au poignard. Un de nos nouveaux amis Espagnols possède, dans l'Estramadure, une meute de vingt chiens andalous dressés en vue de ce sport. Ces chasses se font à pied. On campe sous la tente et l'an passé en quinze jours on avait, chez notre ami, tué quinze sangliers, nous a-t-on affirmé.

Décidément très difficiles à voir, les églises de Séville, surtout au moment où nous nous y trouvons. Sauf le matin de bonne heure elles sont fermées et les heures d'ouverture varient avec chaque église. Qu'on se garde bien d'y vouloir pénétrer nu-tête ou avec la mantille; on serait apostrophée de la façon la plus désagréable et forcée de promptement battre en retraite. L'une de nous en a acquis l'expérience à ses dépens.

Inaccessible, paraît-il, et très à cheval sur l'étiquette, cette vieille relique espagnole, le monde aristocratique de Séville! témoin l'usage bien gênant, mais formel, qui inter-

dit aux arrivants de faire les premières visites, même à leurs parents et amis ; aussi
est-on exposé quand on séjourne peu de
temps à Séville d'y vivre seul sans pouvoir
aviser de sa présence les gens qui seraient
le plus heureux de vous voir.

Mais qui pourra jamais troubler la gaieté
sereine de Séville ? Vraie gaieté de favorite
et de charmeuse.

Née, dit-elle elle-même, d'un caprice de
dieu (Hercule), la voilà qui devient succes-
sivement « la petite Rome » de ses vainqueurs
fascinés, « la Julia » de César, enfin la capitale
de Ferdinand, capitale chèrement arrachée
aux Maures. Seul, le grand ennemi du rire,
Philippe II. lui résista, la condamnant à
être la capitale du grand tribunal de l'Inquisition ! Pauvre Séville ! Mais l'Inquisition
elle-même n'a pu venir à bout de sa gaieté.
Si elle ne fut plus, comme sous la domination
arabe, le centre lumineux des sciences et des
lettres, elle resta patrie du sourire et se

consola en faisant de grands hommes et en conservant, à travers tout, ses pittoresques Patios et ses jolis balcons verts enfouis sous les fleurs aux mille couleurs éclatantes, son climat doux et caressant qui fait la vie facile, son hospitalité vraiment exquise, toutes choses pleines de séductions auxquelles on dit toujours adieu avec regret et toujours avec le secret projet d'en revenir goûter le charme !

Allons, en route pour Grenade !

Encore douze heures de trajet pendant lesquelles on traverse tantôt de sauvages montagnes rocheuses, tantôt de belles prairies, où paissent de plantureux troupeaux de vaches ; tout au loin, en bandes puissantes, ces fameux taureaux qui jouent un si grand rôle dans la vie espagnole et semblent paître fort tranquillement, surveillés par des hommes à cheval armés de grands bâtons en forme de lances, et par leurs bœufs, énormes bêtes dressées à cette garde.

Grâce à des amis grands chefs sur cette

ligne andalouse, ligne française aux mœurs espagnoles, nous voyageons enfin confortablement dans un excellent compartiment dont chacun respecte le tout-puissant « reservado » appliqué sur la vitre.

Une autre agréable surprise — rare en Espagne, — nous attend à une petite station qui porte le nom original de Bodadilhia ; un buffet exquis, propre, et quel pain ! nous en emportons toute une provision.

Puisque le mot « propre » est venu sous ma plume j'en veux profiter pour rendre justice au pays que je traverse et détruire la légende qui en fait le plus sale d'entre tous ; c'est absolument exagéré, d'ailleurs notre Midi nous interdit vraiment de nous plaindre ! Notre Midi et presque toutes nos villes de province.

GRENADE

GRENADE

Vraiment singulière, l'arrivée à Grenade !
Quelques rares voitures à la gare, bien assez
sans doute pour la moyenne des voyageurs
ordinaires, quatre ou cinq tout au plus par
jour, mais nous sommes une cinquantaine
arrivant par un seul train, l'unique ! Aussi
deux petits omnibus sont-ils vite bondés
d'Anglais, pratiquement renseignés sans
doute par leur Murray, qui s'y sont préci-
pités et entassés. Pour tous les bagages, une
charrette à âne, une seule, qui ne parvien-
dra à destination que douze heures après
les voyageurs, ce dont d'ailleurs on ne croit

pas devoir prévenir ceux-ci, tant la chose paraît simple et sans importance.

Enfin une heure après — Grenade est loin — une voiture qui revient pour une seconde tournée, nous emmène à l'hôtel.

Ah la rareté des voitures à Grenade ! Comme on la comprend alors et comme bien vite on l'excuse !

Malgré une profonde obscurité (Grenade confie à la lune le soin de l'éclairer, et la lune n'est pas encore levée), tout va bien d'abord, tant qu'on est dans une grande avenue en terre battue ; mais voilà qu'on entre dans de petites rues, véritables fondrières où les secousses sont si violentes et le pavé tel, qu'on croit y laisser ses os. Heureusement nous sommes de fer. Mais comment des chevaux et une voiture peuvent-ils résister à ces cahots ? Quels martyrs que ces pauvres bêtes condamnées à faire un pareil trajet depuis des années sans doute ! Quant aux voitures, elles sont dignes d'admiration, et ce ne sont certes pas nos coûteux chefs-d'œuvre de Binder et de Mulbacher qui résisteraient ainsi.

Notre cocher entend nos gémissements et il en profite pour « tomber » le gouvernement de son pays, car c'est évidemment un des révolutionnaires ardents de l'endroit. Il est très honteux de l'état arriéré des rues ; « c'est la faute de la municipalité qui met tout l'argent dans sa propre poche. « C'est dégoûtant, » nous dit-il d'une voix creuse, et puis il ajoute sur un ton mélangé de pitié, de colère et de honte qui nous frappe ; « c'est que voyez-vous, ici, à Grenade, nous sommes encore au dix-huitième siècle, pas encore comme vous, entrés dans le dix-neuvième » (*sic*).

Tout à coup, au milieu de l'obscurité un coup de sifflet retentit ; assez émus, nos regards interrogent le cocher qui nous répond : « le sereno ». Une ombre, une silhouette se dessine, rasant les murs : c'est un être humain en manteau sombre, une lanterne d'une main, un gros gourdin de l'autre. Très pittoresque, très décoratif, à la Rembrandt, le dramatique « sereno ». Mais qu'est-ce qu'un sereno? Un agent de police qui, toute la nuit, parcourt la ville, sifflant tous les quarts d'heure et criant les heures passé minuit. Pourquoi diable siffle-t-il demandâmes-nous? — « Pour éloigner les voleurs » répond gravement le cocher. Cela peut être beaucoup plus malin que d'attendre les réclamations des dévalisés ou des rossés. Mais au premier abord l'idée de la police sifflant pour avertir les voleurs que la voilà près d'eux, qu'ils aient à se sauver, est du plus haut comique.

Enfin, voici l'hôtel. Nous sommes moulus, mais bien contents de ne nous être rien cassé en route et de toucher au but.

Au jour, à pied, quelques-unes de ces petites rues désertes que l'obscurité rend si dramatiques, nous paraîtront vraiment pittoresques, lorsque remplies, bondées d'ânes, de chèvres, de mulets, d'estropiés de toutes sortes, de mendiants insupportables, tout cela y grouille pêle-mêle, agité et bruyant. Mais que les maisons sont tristes, sévères ! Plus un seul de ces jolis Patios Sévillans ! plus de coquets balcons aux riantes couleurs ! Que nous voilà donc loin de Séville ! Des rues entières fermées, comme abandonnées, témoignent que toute vie ici est morte. Morte après de cruelles souffrances, la ville qui a pris pour patronne la Vierge des Angoisses « de Las-Angustias » ! En effet, la lutte de dix ans qui a tué Grenade, ce « paradis terrestre » des Maures depuis huit siècles, fut une lutte terrible, désespérée, pour la vie d'une part, pour la foi de l'autre ! Et la foi ne devait triompher que d'un cadavre !

L'ALHAMBRA

Dès le lendemain matin, notre première course, bien entendu, est pour l'Alhambra, cet Alhambra dont on a vu tant de dessins, de photographies, de reproductions de toutes sortes, qu'on croit le connaître.

La forteresse et le palais maures dominent et occupent seuls avec leurs dépendances et leurs ruines, le sommet d'une vaste colline. On y arrive en montant à travers un bois superbe d'arbres magnifiques, cette promenade d'été des Grenadins, créée par Wellington, et dont chaque arbre aurait été envoyé d'Angleterre.

De jolies petites gitanes, aux provoquants sourires attendent les voyageurs pour leur dire la bonne aventure, pendant que les chevaux gravissent péniblement la côte. Elles

sont si engageantes que nous nous laissons
faire, et le courrier nous traduit leurs pré-
dictions toutes enveloppées de cette poésie
orientale aux mille couleurs chatoyantes.

L'une de nous est « une fine asphodèle que
le moindre souffle ferme, que le soleil épa-
nouit, et que le terrible orage tue — sans un
murmure, etc... » On est toujours très aimé,
on sera toujours très heureux, bien entendu.

Mais je regrette de n'avoir pu retenir la
forme pleine d'images dans laquelle toutes
ces banalités nous sont servies.

Nous voilà en haut. Quoi ! sont-ce là cette
forteresse terrible, célèbre entre toutes, dont
« les tours rouges, scintillantes, brillaient au
loin comme des étoiles ? » Et ce palais enchanteur fait pour l'amour, aux légendes cheva-
leresques et tendres ? « La forteresse a été
détruite par les Français en 1808, mais c'est
à eux que l'on doit les premières restaura-
tions du palais, » nous dit notre guide ;
« frappez, vous allez voir ».

« A cette vilaine grosse porte ? »

« Mais oui. »

Et on frappe... La grosse porte s'ouvre...
Oh ! enchantement ! c'était une porte magique !

Brusquement on se sent transporté en
pleine féerie, en plein conte des Mille et une
Nuits ! Oui, des fées seules, quoi qu'on en
dise, ont pu être les architectes d'un tel palais ! « Vraie fantaisie faite de charmes et de
sourires » a dit quelque part Quinet, « paradis des rêves heureux », ne touchant terre
que du bout de centaines de colonnades fantastiques, au milieu desquelles le regard se
perd, chacune un rêve d'élégance et de pro-
portions. On se sent comme haschiché, et
pris de ce somnambulisme particulier que
donne l'impression du surnaturel.

D'abord, c'est la sereine, un peu solennelle
cour des arroyanes (myrthes) qui commence
ce « soliloque magique », avec son grand
canal aux belles eaux limpides, que bordent

deux rangées de plantes régulièrement ali-
gnées ; son large pan de ciel d'un bleu violent
qui se découpe en tranche brutale au-dessus de
nos têtes. Tout au fond, par une des petites
fenêtres idéalement ciselées de la belle salle
des ambassadeurs, un coin de monde extérieur, une rareté comme on le verra.

Pourquoi a-t-on hâte d'avancer ? On ne le
sait, mais ainsi le veut le rêve aimanté qui fait
ici de vous son esclave charmé. On avance donc
et on arrive... à cette « chose sans nom » que
les mortels ont appelée « la cour des lions ».
C'est là qu'on est réellement pris d'halluci-
nation ! surtout si on a la suprême volupté
d'être seul ! On va d'une colonnette à l'autre,
les voulant toutes toucher, sans doute pour
s'assurer qu'on ne rêve pas tout à fait. Elles
sont bien là véritablement, chacune une petite
reine, une petite majesté, et il y en a une vraie
profusion, presque une confusion, n'était cette
perfection de l'art de la perspective, qu'on a cependant, le croirait-on ? contestée à l'art arabe!

Que devait donc être ce Patio idéal quand sur tous ses murs scintillaient les mosaïques éclatantes et les azuléos aux incomparables reflets métalliques dont on a hélas perdu le secret et avec lui la possibilité d'une belle réparation ; que ses plafonds ruisselaient d'or et de hardies couleurs ? que les riches tentures de soie des célèbres fabriques de Grenade décoraient ses portes et les plus belles fleurs du monde ornaient ses pittoresques niches ? Que toutes ces eaux aux parfums célèbres apportées de la montagne par de nombreux aqueducs couraient et jaillissaient de partout ? Que les sultanes enfin..... ou les houris animaient ce paradis ? Joyau vraiment incomparable, petit miracle qu'ont seuls pu créer ceux qui font encore des miracles, les fées..... ou l'amour, et qu'au hasard, tout ému, on remercie.

L'histoire, je le sais, veut que le créateur de l'Alhambra soit un roi maure du XIIIe siècle, mais la légende n'affirme-t-elle pas qu'il était magicien et vendu au diable pour obtenir de lui l'argent nécessaire à son caprice amoureux ! qu'enfin palais et forteresse étaient évidemment enchantés puisqu'ils furent préservés des tremblements de terre et des orages qui détruisent tout en Espagne !

Quoi qu'il en soit, instinctivement, la jolie ballade de la reine Mab de Shakespeare chante en vous, et inconsciemment on murmure :

Ami, ne la connais-tu pas ?
Elle arrive dans son carrosse à petits pas.
Plus mignonne, vois-tu, que la perle qui brille
Sur une bague au doigt fin d'une jeune fille.
Des atômes ailés la promènent dans l'air.
Son chariot qui court plus vite que l'éclair,
Fut taillé par l'habile écureuil et l'avide
Pivert dans la moitié d'une noisette vide.
Le manche de son fouet est un os de grillon
Et la corde est un fil de la Vierge. Un rayon
De lune sert de mors. Les longues pattes frêles
Des faucheux ont formé l'essieu. Les sauterelles
Ont donné, pour couvrir ce beau char diligent,
Leurs antennes de gaze, aux nervures d'argent,
Dans le brouillard des nuits radieuses baignées.
Pour les rênes, on prit aux toiles d'araignées

Leurs fils les plus ténus et les plus séduisants.
Quant aux lanternes, deux tout petits verts luisants
En tiennent lieu, guidant la marche des atômes.
C'est ainsi qu'elle vient, la reine des fantômes,
La douce Mab ! A l'heure exquise du sommeil,
Elle touche en passant, de son sceptre vermeil,
Les hommes endormis, et soudain tous les rêves
Se transforment, ainsi que les sables des grèves
Au vent. Et les amants alors rêvent d'amour,
Et les vieux courtisans de succès à la cour.
Elle ranime ainsi les espoirs épuisés,
Et bonne fait rêver les femmes de baisers.
Est-ce un soldat qui dort fatigué des batailles ?
Il rêve alors d'assaut, de blessures, d'entailles,
Et d'ennemis vaincus et de grades conquis.
Est-ce un manant ? Il rêve alors qu'il est marquis
Et qu'il marche vêtu de velours dans la rue.
Et pendant ce temps-là la reine disparue
Emporte au fond des nuits leurs songes douloureux
Et Mab est déjà loin, qu'ils sont encor heureux.

Mais voilà qu'une autre vision passe devant la pensée, celle de la Belle au Bois Dormant ! Ne serait-elle pas la souveraine de ce beau palais ?... Et involontairement le regard fouille chaque coin et recoin, y cherchant la belle princesse, tout étonné de ne pas la trouver enroulée dans ses beaux cheveux d'or, sommeillant dans une des alcôves de ces longues salles à demi obscures. Mais non, hélas ! tout est vide ici, pas la moindre princesse ; elle se sera réveillée et... envolée vers d'autres palais... avec le Prince Charmant sans doute... Espérons-le pour elle !

Qui que vous soyiez qui ayiez vécu là, sultanes ou houris, dites, n'y a-t-il pas des heures où vous y revenez ? Toutes les légendes l'affirment, mais c'est pour rester invisibles aux mortels ! hélas !

Tout attristé on retourne seul vers les splendides azuléos dont on ne se lasse pas d'admirer les reflets étranges, et vers ces plafonds bizarres, vrais miracles de fantaisie vertigineuse et de patience de bénédictins.

Mes compagnons m'avaient oubliée comme je les avais oubliés moi-même. Leurs exclamations me réveillent de mon rêve. En même temps se dresse devant moi le photographe obligatoire qui opère là toute la journée. Il revenait de déjeuner et recommençait à braquer son infatigable objectif sur ces malheureuses petites colonnettes.

« Madame veut-elle voir le Mirador de la Reina ? » et l'inévitable guide s'empresse autour de moi. Je murmure un « oui » ahuri et, suivie d'une partie de notre bande, se déclarant ravie de revoir le Mirador de la Reina, me voilà montant le dur escalier qui y conduit. — « Mirador » me suffit ; « Reina » gênant le conte des Mille et une Nuits dans lequel je vis délicieusement depuis mon entrée à l'Alhambra !

On a, de ce « Mirador » suspendu sur l'abîme comme un vrai nid d'aigle, avec tout le pays à ses pieds, la plus belle vue, la plus étrange peut-être que j'aie rencontrée ! Devant cette colline d'où la Grenade d'aujourd'hui ressemble à un gros fruit écrasé dont les grains se sont éparpillés du haut en bas, l'imagination est subitement envahie par les souvenirs passés. Elle évoque cette Grenade qu'au temps des Maures on surnommait « la

Perle d'Occident », avec ses palais magnifiques, du luxe le plus raffiné, ses jardins extraordinaires, qu'arrosaient les eaux courantes les plus belles du monde et son aspect féerique qui la faisait comparer à « un vase d'argent rehaussé d'émeraudes et de jacinthes »; où les arts, la littérature, la science, le commerce, l'amour et la chevalerie brillèrent d'un si grand éclat pendant les huit siècles qu'elle appartint aux Maures; où de tous les points du monde on venait chercher la lumière et apporter le tribut de l'admiration universelle; où les rois furent intelligents et sages. Cette Grenade qui pouvait rivaliser en civilisation avec les républiques italiennes; que défendaient 1,030 tours et 20 portes sur hautes murailles et qui comptait 200,000 habitants (50,000 aujourd'hui); dont enfin le climat particulier, doux et clair, était « un vrai délice ». Cité vraiment unique qu'entourait cette plantureuse, « merveilleuse » Véga, la plus riche plaine qui ait existé, dans laquelle, grâce à de savantes canalisations, le blé poussait en toutes saisons, pêle-mêle avec les orangers et les vignes couvrant les arbres et retombant en lourdes grappes ; qu'animaient le chant et le brillant plumage d'oiseaux innombrables ; vrai paradis terrestre, en effet, qui faisait dire aux rudes Espagnols que les Maures « sauraient donner la fécondité aux pierres, les fruits et les fleurs sortant des rocs eux-mêmes ».

Qu'est-elle donc devenue cette Grenade-là, autrefois « Merveille du monde ? »

Les Espagnols se sont acharnés à la conquérir, mais sa richesse, sa suprême élégance, l'ont rendue l'objet des haines les plus féroces de l'Inquisition, qui jura la destruction de ce joyau de la civilisation et de l'art arabe.

On accablait les Maures de tributs ; bientôt on les tripla et, un jour, défense leur était faite, sous peine de mort, de posséder des

armes et des esclaves, de conserver les ser-
rures qui fermaient leurs demeures et d'aller
aux bains chauds, ce luxe et ce besoin de
l'Oriental ; leur langue, leurs noms mêmes
furent proscrits. Exaspérés, les Maures refu-
sèrent le tribut qu'ils payaient depuis la chute
du roi Boabdil et alors commença le soulève-
ment qui devait aboutir à l'extermination et
à l'exode de la population arabe.

Mais les descendants de ceux qui ont survécu
et pu gagner les côtes africaines, ont gardé
la croyance que le paradis promis par
Mahomet à ses fidèles serviteurs est placé au-
dessus de la Véga de Grenade, et avec cette
foi, l'indestructible espérance survit dans
leurs cœurs. Ils conservent, comme de saintes
reliques, les cartes de l'ancien royaume de
Grenade ainsi que les clefs des maisons de
leurs aïeux, et chaque vendredi, leurs prières
redemandent Grenade au prophète qui est
leur intercesseur auprès d'Allah. Ah ! comme
ils trouveraient changées leur Grenade aimée

et leur Véga, s'il prenait fantaisie à un Dieu d'exaucer leurs vœux !...

Juste en face du Mirador, le sauvage Albaycin, tout en cactus et en cavernes creusées dans le roc [1] appartient aux gitanos ; autrefois quartier « élégant » des Maures, quartier des villas (on en comptait environ 10,000) aux riches ornements damasquinés, aux admirables jardins et aux fontaines jaillissantes.

Tout à fait sur la droite, voilà le Généralife, cette autre féerie, résidence d'été, toute en eaux courantes. Enfin, les tours de « la Prisonnière » ou de « la Favorite » et « des Enfants », aux dramatiques et mystérieuses légendes. — Une chrétienne, très belle, faite prisonnière par un roi maure, amoureux fou d'elle, refusant d'appartenir à ce barbare et enfermée dans cette tour isolée pour y réfléchir ; mais ayant préféré l'abîme à la flamme de l'infidèle !

[1] Elles servaient à emmagasiner le surplus des récoltes de la plantureuse Véga.

Une autre légende veut que trois jeunes princesses aient vécu, enfermées pendant le jour, dans la tour « des Enfants » condamnées par un père féroce et jaloux à parcourir les montagnes, la nuit, à cheval, fuyant tous les humains jusqu'à leurs regards, et cela sous peine de mort. C'est ainsi qu'on pouvait apercevoir parfois, au loin, dans l'ombre, toujours au galop, cette cavalcade étrange, aux riches accoutrements.

Enfin, derrière soi, la vigoureuse ligne blanche neigeuse de la Sierra-Névada, qui tempère par sa fraîcheur le soleil intense de Grenade. Un immense jardin reliait autrefois le palais, la forteresse, le Généralife et les tours des Enfants et de la Prisonnière, occupant ainsi, avec un groupe de maisons à petites rues étroites, absolument détruites aujourd'hui, toute cette vaste colline d'où la vue est immense, et les couchers de soleil grandioses, presque fantastiques.

Il faut cependant s'arracher à ce merveilleux

Mirador. On en descend par de petits couloirs ouverts, aux toits d'azulé... qui vous conduisent à la belle et majestueuse salle des Ambassadeurs.

C'est dans cette salle qu'Isabelle la Catholique (car les souverains chrétiens habitèrent l'Alhambra après leurs triomphes sur les Maures) reçut Christophe Colomb partant pour la découverte de l'Amérique et là qu'elle lui remit la somme produite par la vente de ses bijoux pour l'accomplissement d'une entreprise à laquelle seule avec lui peut-être, en Espagne, elle avait foi.

Là aussi, qu'un siècle auparavant, un roi Maure refusait fièrement tout tribut à l'Espagne et répondait avec hauteur que « désormais les Maures ne seraient plus que des cimeterres et des lances. »

Et pourtant, cette belle salle n'a-t-elle pas été aussi toute pleine de danses et de jeux? Dans le palais, seule elle a vue sur l'extérieur; vrai raffinement de coquetterie cette clôture, si l'on en croit la légende qui prête au créateur de l'Alhambra ce propos qu'on nous rapporte : « Si mes fenêtres reçoivent la lumière et refusent la vue des objets extérieurs c'est dans la crainte que les beautés de la nature ne distraient l'attention des beautés de mon œuvre. »

Le panorama qu'on aperçoit de ces étroites ouvertures est splendide, presque autant que celui du Mirador

Les bains sont dans les sous-sols, entièrement et joliment restaurés.

Toute une ville que ces sous-sols qui n'ont jamais été terminés et dont une petite partie seulement a été refaite.

L'allocation annuelle affectée à l'Alhambra étant de 10.000 francs, cette modique somme est employée à empêcher les choses de tomber. Sa restauration complète coûterait des sommes incalculables; aussi lorsqu'en 1815, l'Espagne reconnaissante offrit à son libérateur Wellington l'Alhambra et cinq villages, le pratique Anglais n'accepta-t-il que les villages, ce dont ses héritiers n'ont eu qu'à se féliciter, ces villages leur rapportant aujourd'hui plus de 100,000 fr. de rente, situés qu'ils sont entre Grenade et Bodadilha dans la fameuse Véga, infiniment moins riche qu'au temps des Maures mais restée le pays le plus productif de l'Espagne.

Hélas, l'heure s'avance et il faut quitter pour le moment ces lieux de délices, mais non sans avoir pris rendez-vous avec eux pour le soir, au clair de lune.

Qu'elles sont laides par contre ces ruines du palais que Charles-Quint avait voulu élever en rival à côté du palais maure, et qu'on rencontre en sortant de l'Alhambra ! Comme on maudit le souverain qui, pour édifier cette lourde bâtisse, a détruit une partie du merveilleux édifice, et comme on se sent reconnaissant envers les tremblements de terre qui n'en ont jamais permis l'achèvement !

Voilà un beau vieillard gitano en grand costume d'autrefois, qui guette notre passage, et vient le sourire aux lèvres nous offrir une photographie de lui, sur laquelle on lit en grosses lettres voyantes, cette élucubration emphatique de l'opérateur, dont le gitano paraît très fier : « Le prince des gitanos, modèle du grand Fortuny ». Il est en effet splendide, absolument décoratif.

Mais qu'aperçoit-on donc au loin ? Et qu'est-ce que cet essaim d'écharpes bleues et rouges qui s'ébattent en riant aux éclats ?

C'est le séminaire. Vraiment il faut se le faire dire deux fois. Quels yeux noirs, bon Dieu, hardis et provocants ! Vrais regards d'oiseaux de proie, qui donnent le frisson ; des bouches épaisses et sensuelles et des teints allumés ! Pourquoi diable se font-ils prêtres, ces gens-là ?... car cela les gênera toujours... un peu, et ils ne semblent pas faits pour ce qui les gêne. Dans ces rencontres, le jeune moine de Gustave Doré me hante et toujours je cherche l'arrivé de la veille, un mystique naïvement embrasé de « l'amour divin » ; il y en a toujours un ; son regard effarouché, troublé, comme serait celui d'un habitant de la lune... ou des étoiles, tombant tout à coup chez nous, aisément le fait distinguer des autres.

En effet, le voilà ! J'en étais sûre. Un peu à l'écart des camarades qu'il semble fuir, on dirait un pauvre agneau égaré. Beau et chaste ! dix-huit ans à peine, son cœur semble tout gonflé, ses grands yeux innocents et bons prêts à pleurer ; que lui font-ils donc, ceux qui rient si fort en le regardant grossièrement ? Lui baisse les yeux, on le sent tout frémissant de colère et d'indignation sans doute devant les propos... grivois, obscènes peut-être, dont ils se font une joie de le poursuivre, de le harceler ; voilà assurément la source de ce drame intérieur. Drame, en vérité ! Pauvre victime de l'enthousiasme, du prisme ! S'enfuira-t-il bien, bien loin, à *temps,* de ce milieu, incompréhensible évidemment pour lui, qu'une fatalité monstrueuse, inexplicable, lui avait fait prendre pour la première étape du ciel ? Ou bien la chute aura-t-elle été trop violente, la blessure mortelle, et le verrons-nous dans quelques jours, quand il aura repris ses esprits, le pauvre ! rire lui-même avec les autres de ses naïvetés et redescendre de *son* ciel mystique sur *leur* terre ?

Comme on voudrait lui dire : « Va-t'en vite, fuis ; l'enthousiasme meurt ici, et l'enthousiasme est sacré ; va où il vit, dans la solitude, c'est-à-dire dans le cercle aux grands horizons des indépendants ! »

Pauvre enfant, je voudrais savoir ce qu'il sera devenu !

En attendant une séance de gitanos, séance *privée*, s. v. p., qui nous aidera à gagner « l'heure de la lune », nous allons au grand hôtel Washington-Irving, placé tout auprès de l'Alhambra, au milieu des beaux arbres anglais de la promenade d'été. Un excellent repas, moitié espagnol et moitié britannique, nous y attend et je fais connaissance avec la délicieuse Paellia à la Valenciana et le non moins délicieux Puchero, plats éminemment nationaux.

C'est avec une vraie joie que je retrouve ces excellentes petites azellanos (noisettes salées), déjà fort appréciées à Madrid.

Neuf heures. — Les gitanos nous attendent. Ils se sont mis sur leur trente-et-un, ce qui n'empêche que ce soit toujours la même chose, qu'il s'agisse de séances publiques ou privées, que ce soit à Grenade ou à Paris. Le chef, ou capitaine de cette bande, est un guitariste tout à fait remarquable, propriétaire d'une maison dans Grenade, paraissant fort civilisé, bien qu'il se vante d'avoir refusé les magnifiques propositions qu'on lui faisait pour le déterminer à venir pendant l'Exposition à Paris, ne voulant jamais, oh, jamais ! quitter son pays.

Les femmes portent de jolies toilettes élégantes et fraîches, toutes bariolées et éclatantes, mais aucune n'est belle. Elles nous ont offert l'éternelle « danse du ventre », cette fois relativement distinguée. Grande tenue pendant les danses et les chants, mais c'est lorsque nous dûmes opérer notre sortie, que l'instinct de la race reparut dans toute sa sauvagerie : littéralement assaillis par cette troupe en délire se jetant sur nous, nous poussant, nous pinçant tout en nous envoyant des baisers et des sourires, nous étions un peu ahuris, ne sachant pas ce qu'ou voulait de nous. C'était, paraît-il, des pièces de monnaie ; les gitanos de Grenade en sont aussi fous que ceux de Séville, principalement, comme toujours, les femmes. Il faut croire que nous n'arrivons sans doute pas à les satisfaire, car le guide dût intervenir et intervenir avec énergie. Les plus tenaces nous poursuivirent jusqu'à l'Alhambra.

Vues ainsi au pâle clair de lune, ces ombres noires, sauvages, nous serrant de près, les yeux allumés par le lucre, avaient quelque chose qui émoustillait les nerfs et faisait battre le cœur plus vite. On sent qu'il ne ferait pas bon être seul la nuit, avec cette troupe surexcitée !

Tout en causant nous arrivons devant la fameuse grosse porte de l'Alhambra qui de nouveau se rouvre et se referme sur nous.

Vraiment inoubliable, l'impression de ce palais maure aux demi-teintes de la lune! Instinctivement tout émus on se fuit les uns les autres; on a besoin d'être seul comme à l'approche des heures solennelles ; tout respire le surnaturel, et si parfois des fantômes reviennent ici c'est ce moment-là assurément qu'ils doivent choisir. Aussi comme on voudrait se blottir dans quelque coin pour y attendre !... Mais pendant que la froide raison vous murmure à quoi bon? les amis vous appellent et bientôt on quitte, avec eux, le cœur très gros, la tête toute pleine de visions manquées, ces lieux qui plus encore que la première fois vous semblent enchantés.

Un grand jour vraiment que celui où l'on a connu l'Alhambra !

Le lendemain visiter Grenade. Les églises seules sont intéressantes, d'une richesse étonnante.

La cathédrale d'abord, toute en colonnes hardiment cintrées et se réunissant en groupes puissants. Au milieu de nombreux « bons Dieux » et Saintes-Vierges en jupons sales de velours et de satins fanés, aux pieds desquels la foule fait bruyamment ses dévotions, quatre évêques de grandeur nature sculptés par Mora (un enfant de Grenade). De vraies merveilles, ces statues en magnifique marbre de Carrare, qu'une étonnante patine fait prendre d'abord pour du vieil ivoire. Les lèvres, les cheveux sont légèrement teintés, les yeux en onyx noir, les ajustements sobrement incrustés d'or. L'impression est exquise.

A quelques pas de là, un superbe saint Jérô-

me, également en marbre colorié du même
Mora, étonnant mélange de naturalisme puissant et de pensées profondes. Quels enseigne-
ments et quelles inspirations pour nos sculp-
teurs infiniment trop ignorants de cet art
exquis, que cette sobre et intelligente appli-
cation des couleurs sur le marbre, lui donnant
la vie, et arrivant ainsi à des effets prodigieux,
art inspiré des Grecs, mais auquel le xviie siècle, ce siècle original par excellence, a imposé sa puissante personnalité. — Et dire que
la plus vulgaire photographie de ces chefs-
d'œuvre où triompha Mora, est introuvable à
Grenade — comme ailleurs ! c'est une honte.

Dans une chapelle fermée par une superbe
grille faite à Mantoue et sur laquelle sont ma-
gnifiquement sculptées les scènes de la Passion, les beaux tombeaux de Ferdinand et
d'Isabelle la Catholique. Dans le fond, un
retable de toute beauté et quatre bas-reliefs
de grand travail représentant divers épisodes
de la prise de Grenade; l'assaut, l'entrée de

Ferdinand et d'Isabelle, et le pittoresque baptême imposé aux Maures et à leurs femmes après la capitulation.

Dans le trésor, on nous montre le fameux coffret de bijoux vendu par Isabelle pour aider Christophe Colomb dans sa grande entreprise.

Très curieuse aussi la vieille église de St-Jérôme, tout entière revêtue de fresques représentant les paladins, peintes par Valencia et Rugetti, et contenant le tombeau de Gonzalve de Cordoue et un immense retable tout en bois sculpté prodigieusement fouillé, œuvre de Beschera, le Michel-Ange de l'Espagne; ainsi que la riche église de Saint-Jean-de-Dieu, dont l'ornementation chargée, exubérante, est un mélange bien espagnol de paganisme et de mysticisme chrétien. On y voit une belle tête de saint Jean, sculptée et peinte par Cano.

Enfin la Cartouja! une merveille que cette Chartreuse, aujourd'hui déserte. Que de richesses y sont entassées!

Des portes superbes, assemblage heureux et bizarre d'écaille, de nacre, d'ivoire, de bois et d'argent ; deux tableaux remarquables de Cano, ce Raphaël humain et puissant, enfant de Grenade, lui aussi, et comme Mora, trop peu connu de nous : le Baptême du Christ et la Sainte Famille.

De Mora, en marbre colorié, quatre figures : saint Bruno, la Madeleine, la Vierge et saint Jean, puis un reliquaire... charmant (aucune expression ne peut mieux rendre mon impression), soutenu par des anges... délicieux.

Enfin, la chapelle de Saint-Bruno, tout entière revêtue de ce beau marbre étrange fauve et blanc que fournit la Sierra-Névada. Sur l'autel, un saint Bruno, encore de Mora, chef-d'œuvre d'art et de sentiment religieux. Le plafond est entièrement en nacre et en bois ; tout autour de la nef, des commodes en écaille, ivoire et marbre noir d'un effet très original.

Le cloître est décoré d'une série de fresques de Cano, représentant les supplices infligés par Henri VIII, aux chartreux venus en Angleterre pour y tenter l'extermination du protestantisme. Ce sont de très belles horreurs.

Quand, en quittant ces églises on se retrouve dans les petites rues-fondrières de Grenade, au milieu de cette population en guenilles, de cette misère sauvage, involontairement on éprouve un étonnement mêlé de respect vague pour ce peuple, peuple de voleurs, notez-le bien, qui se résigne à presque mourir de faim à côté de tant de richesses, si mal gardées, sans y toucher !

Nous redescendons par l'Albaycin. Très curieux cet Albaycin ! Mais pourquoi diable les guides étrangers recommandent-ils qu'on ne s'y aventure que sous bonne escorte ? Aucun quartier n'est plus tranquille le jour, que celui où vivent les gitanos, ces sauvages aujourd'hui aux trois quarts civilisés, tout autant, assurément, que les autres Grenadins, avec lesquels, d'ailleurs, ils mêlent leur sang par des mariages de plus en plus fréquents. Leurs tanières de lapin creusées dans le rocher ne sont guère plus sales, plus misérables, plus dépourvues de tout confort que les bouges où s'abrite le peuple espagnol ! Quoi qu'il en soit, cette colline toute en cactus et en cavernes est d'un aspect sauvage très particulier, plein d'originalité.

L'Albaycin se divise en trois zones : la « Madrilène », la « Grenadine », enfin « l'Albaycin » tout court. La différence entre ces zones est vraiment insaisissable ; cependant la couleur locale est peut-être plus intense dans l'Albaycin proprement dit ; il passe pour être très dangereux le soir. Les rues de Grenade, malgré leurs serenos, offrent-elles une bien plus grande sécurité ?

Ce qui, par exemple, ne manque pas de civilisation, c'est le poste de police établi à l'entrée de l'Albaycin et où on change la monnaie à l'usage des étrangers désireux de satisfaire, ou de le tenter, la cupidité de cette invasion de gitanos qui assaillent littéralement voitures et piétons, les mains tendues, le sourire aux lèvres et dans les yeux ; vrais sourires de sauvages.

Le regard est de suite frappé par la quantité de croix qui se dressent de tous côtés et autour desquelles prient des femmes agenouillées. On interroge son guide. Il vous explique que les gitanos sont très pieux et forment la population la plus dévote de l'Espagne ; qu'on a dû installer à l'Albaycin même, un prêtre à demeure. Quant à l'intérieur des cavernes dont un cactus un peu plus haut que les autres, en forme d'abri, protège l'entrée, il est ce qu'il peut être, sale, littéralement encombré de bêtes, de gens et d'objets de cuisine. Il n'y a jamais qu'une pièce dans laquelle toute la famille, généralement nombreuse, naît, vit et meurt. Et voilà ce qu'est devenu cet Albaycin, jadis le quartier élégant du plus luxueux des peuples !

Quant au type des habitants il diffère bien peu de celui de l'Espagnol. Seulement patiné par un soleil plus implacable encore, dont on a encore moins songé à se garer.

Surtout ne pas confondre les Gitanos avec les Bohémiens ! Peut-être sortent-ils de la même souche, mais il doit y avoir bien bien longtemps que les rameaux se sont séparés. D'ailleurs, non-seulement les gitanos sont des dégénérés, mais ils n'ont jamais dû appartenir qu'à une tribu inférieure de cette belle race, vraiment royale, qui campe encore à l'état de peuplades nomades dans toute l'Autriche, errant suivant son bon plaisir, entendant vivre sans s'abaisser au travail (synonyme pour elle d'abaissement), imposant aux populations, qui lui obéissent en tremblant, l'impôt nécessaire pour pourvoir à des besoins, modestes, il est vrai, mais dont elle entend être le seul juge.

Au temps où les gitanos étaient encore la terreur du voyageur et même de l'Espagnol, une bande d'entre eux avaient élu domicile dans les ruines de l'Alhambra ; l'arrivée des Français les en chassa. Aujourd'hui les gitanos sont des Grenadins comme les autres, travaillant avec eux, mollement, comme tout bon Espagnol, et vivant de peu. Les femmes se bornent à mettre au monde leur petite famille, généralement nombreuse, et à faire le ménage.

Vue de l'Albaycin, la fière forteresse Sarrazine, toute entièrement détruite qu'elle est, reprend avec la ligne de ses ruines magistrales un aspect vraiment saisissant ; on comprend qu'avec ces puissantes et hautaines murailles elle ait dû se croire inexpugnable et qu'il ait fallu des combats formidables pour en venir à bout.

Placé entre l'Alhambra et la colline opposée qu'occupait le camp chrétien, aujourd'hui silencieuse elle aussi, et donnant l'impression d'un immense campement au repos, l'Albaycin a dû assister, pendant les dix ans que dura ce siège mémorable à tous les détails de ces luttes désespérées dont le récit fait encore frissonner.

Combattants d'autrefois, que vous semblez épuisés par vos gigantesques luttes!

Au loin la Sierra-Nevada, témoin impassible et solennel du grand duel, barre durement l'horizon avec sa crête d'un blanc cru.

Hélas, il nous faut dire adieu à cette étrange et belle ville aux profondes impressions que l'on ne reverra sans doute jamais, mais à laquelle on garde fidèle et reconnaissant souvenir. (1)

Dans ce pays presque sauvage les arrivées et les départs sont toujours affaires fort compliquées; d'abord il n'y a qu'un train par jour pour quitter Grenade, et il est à quatre heures du matin!

Heureusement que par une chance tout à

(1) Sur une des maisons les plus modestes de Grenade une inscription très simple indique que l'impératrice Eugénie est née là.

fait exceptionnelle on peut dès la veille prendre ses billets et faire enregistrer ses bagages,
dans un bureau central, en ville.

Pendant que cahotés d'une fondrière à une
autre, nous regagnons péniblement la gare,
grand est notre étonnement en apercevant toute
une population d'hommes, de femmes et d'enfants se dirigeant, elle aussi, vers le « Corréo »,
« c'est singulier comme les Grenadins voya-
gent », pensai-je! Tout s'expliqua à la gare,
nous la trouvâmes absolument encombrée et
livrée à la plus bruyante des agitations; il
s'agissait d'un départ de conscrits que pères,
mères, frères, sœurs et fiancées avaient tenu
à accompagner jusqu'au dernier moment.

La conscription existant toujours en Espagne, le garçon qui part pour le régiment
quitte « le pays » pour cinq ans. Aussi est-ce
un grouillement inénarrable; le chef de gare
lui-même est affolé, « c'est un Malo-dia », nous
dit-il d'un air sérieusement soucieux, pendant
que les porteurs de malles, ahuris, se bouscu-

lent les uns les autres, faisant courir les plus
grands dangers à leurs fardeaux... et aux
voyageurs qu'ils heurtent également sans pitié.

Enfin, après vingt minutes de retard, le
train s'ébranle. Alors tout à coup éclatent
des cris, de vrais sanglots; tout le monde est
ému, bouleversé, les femmes surtout, et elles
le sont bruyamment. Quelques-unes, les
vieilles, les mères sans doute, se trouvent
mal. Quant aux jeunes, les sœurs et les fiancées, malgré leurs gémissements et leurs
yeux gonflés de larmes, on les sent fières, leurs
baisers sont tout chargés d'espoir et de courage, pleins de souhaits les adieux qu'envoient
nerveusement tous ces mouchoirs bariolés.
Pendant plus d'une demi-heure le train marche tout doucement, plus lentement encore
que d'habitude, entre deux haies de groupes
bigarrés qui vocifèrent, crient, pleurent, hissés
sur les talus et auxquels les conscrits répon-
dent de leur mieux, la moitié du corps passé
en dehors des fenêtres, envoyant des baisers

aux filles, criant à tue-tête, agitant eux aussi leurs mouchoirs.

A toutes les gares, c'est-à-dire, selon la mode espagnole, toutes les cinq minutes, des mains viennent vigoureusement serrer celles des conscrits, mais les *vrais* amis sont ceux de tout à l'heure et les *cœurs* sont restés à Grenade.

Longtemps je me souviendrai de ces scènes tout espagnoles, pleines d'émotions plus ou moins profondes, mais senties, ne fût-ce qu'un instant !

Quoiqu'ils semblent peu habités, les environs de Grenade sont très cultivés et toujours riches.

A environ deux heures de Grenade nous voyons monter dans le train un détachement assez important, ma foi, de gendarmes. « Est-ce qu'il y aurait danger de brigands », demande-t-on aussitôt, un peu troublé mais encore plus excité par le danger légendaire, qu'on est un tant soit peu honteux de n'avoir pas encore rencontré. « Oh ! non » vous répond-on. « Mais alors, pourquoi les gendarmes ? » « Oh ! parce que quelquefois, » ajoute-t-on en souriant, « le train a été attaqué, et c'est pour y parer ! »

Un sceptique penserait qu'on a voulu faire de la couleur locale en l'honneur des Anglais, fort nombreux dans notre train, mais en voyage il ne faut jamais être sceptique ; d'ailleurs il y a entre Bodadhilla et Grenade, des espaces de terrain incultes tout à fait isolés et sauvages qui ont dû faire de merveilleux repaires de brigands.

Quant à moi, pendant ma rapide course à travers l'Espagne, je n'ai pas entrevu le moindre brigand, mais, en revanche, frôlé beaucoup de vulgaires voleurs.

ALGER

ALGER

C'est à Malaga que nous allons « embarquer » pour Oran, puis Alger, dont le revoir me tente.

Quelle déception que Malaga et les plaines qui précèdent ! Moi qui m'attendais à un petit paradis mi-anglais, mi-oriental, et à des femmes d'une rare beauté ; tout au contraire, c'est lugubre, sans caractère, condamné à une de ces poussières implacables contre lesquelles on renonce à lutter. Aussi ai-je hâte, ainsi que mes compagnons, d'en partir au plus vite. Comment les Anglais ont-ils pu adopter comme station d'hiver ce triste port de mer ! Serait-ce le voisinage de Gibraltar qui, par fanatisme national, les a tentés ? Pas impossible.

Nous prenons passage sur un excellent transatlantique qui n'a qu'un défaut, celui de faire escale, si toutefois le temps le permet, à Mellila et à Nemours, pour y prendre des marchandises — surprise fort désagréable. — Oui, surprise, car j'ai déjà dit qu'en Espagne il ne faut pas songer à se renseigner sur quoi que ce soit. Ce n'est que grâce à de « hautes protections » qu'enfin, à Grenade nous avons découvert le jour et l'heure d'un bateau partant de Malaga, dont à Madrid et à Séville on ne soupçonnait que très vaguement l'existence. Reste donc à souhaiter que le temps ne « permette » pas ces escales et nous voilà partis. Vœux inutiles.

A Mellila, première station sur la côte africaine, nous embarquons deux cents Marocains se rendant à Oran pour y chercher de l'ouvrage. Les Marocains sont les

travailleurs de l'Algérie. comme qui dirait
« ses » Chinois. Les pauvres diables sont
infects, en guenilles, prodigieusement mal-
propres. Ils s'installent sur le pont, s'y blot-
tissent et y mangent leur détestable huile,
des oignons crus qu'ils apportent sous leurs
burnous, chantent et dorment, tout cela
pour leurs 10 francs. Le capitaine nous explique que c'est « son meilleur frêt » (*sic*).
Pas de bagages à transporter, pas de lits à
faire, pas de nourriture à fournir (les tran-
satlantiques font, on le sait, des forfaits
généraux avec leurs passagers): s'ils tom-
bent à la mer, rien à payer !

A propos d'huile, on nous conte que lors
de l'installation des premiers phares en Algérie, on avait eu grand peine à empêcher
les Arabes de voler, pour la boire, l'huile
destinée à leur éclairage !

Quant au sort de ces pauvres diables de
Marocains, il est misérable ; on les malmène
fort, en général, pendant les traversées,

aussi ont-ils attendu quinze jours notre transatlantique, où par exception « on a des égards pour eux ».

A Nemours, nous faisons un long et gros chargement. Véritable supplice que cette grue en travail pendant sept heures ! Nous prenons du blé, de l'alfa, du vin, en quantités fort respectables.

La vie doit être bien dure à Nemours pour un être civilisé. Les seules distractions sont l'arrivage d'un bateau français tous les quinze jours, toujours quand le temps le permet, mais généralement il ne le permet pas et ceux d'autres navires, l'un de Suède, le second de Hambourg qui viennent à de longs intervalles acheter à bon compte principalement le produit des mines situées dans le district et qu'à défaut de routes on apporte à dos de mulets !

Déjà on nous parle de la misère des Arabes d'Algérie, effroyablement exploités par les Européens, et presque ruinés par les juifs, devenus, depuis leur naturalisation, tout puissants sur la politique du pays, et la bête noire des indigènes ; témoin cette députation d'Arabes qui dernièrement est venue trouver le général commandant à Oran et le supplier de leur accorder une heure seulement (*sic*) pour exterminer les juifs.

Enfin nous voilà à Oran, sur terre de France ! Est-ce l'effet de ce qu'on nomme pompeusement patriotisme ? Mais l'espèce de cercle de plomb qui étreint nos cerveaux depuis le départ se détend. Le fait est certain, nous respirons plus à l'aise.

Oran est une ville grouillante, dont la population est surtout espagnole et juive. Un seul train part pour Alger, mettant plus de dix heures à parcourir cette petite distance, mais on aurait mauvaise grâce à s'en plaindre, car on traverse d'immenses et pittoresques plaines d'une fertilité et d'une culture admirables, d'une intensité de verdure à rendre l'Angleterre jalouse. Enfin, c'est littéralement sur un tapis de fleurs aux mille couleurs éclatantes que *la belle Lison* poursuit majestueusement sa marche vers Alger. La terre est une vraie cassolette! Que l'on est donc loin déjà de l'aride Espagne! Tout ici est vie et avenir, chaque brin d'herbe enferme une promesse généreuse, pendant que là-bas tout est mort, même la terre, même la couleur. Vive la France!

Par-ci, par-là comme des taches étranges, groupés ou isolés, flottent ces grands manteaux blancs aux larges et pittoresques draperies des Arabes. Les uns, flânant avec leur air particulier de rois renversés du trône par une fatalité supérieure, gardent philosophiquement des troupeaux; d'autres dorment tranquillement dans la verdure luxuriante, en attendant qu'Allah fasse cesser l'épreuve et leur rende la liberté ancienne. Leurs physionomies hautes et dignes disent les résignations fières de croyants obéissant aux volontés de leur

Dieu, mais non celles de conquis ou d'asservis ! Nous les verrons au coucher du soleil se prosterner tous dans la plaine en fleurs, se tourner vers la Mecque et faire leurs prières avec force génuflexions.

Notre train est, lui aussi, bondé d'Arabes hommes et femmes. Pendant quelques années, parait-il, les indigènes refusaient systématiquement d'utiliser un moyen de locomotion importé par des « chiens de chrétiens », mais tout s'est bien modifié dans ce beau pays, et maintenant les « avis » des wagons sont écrits en arabe aussi bien qu'en français, ce qui fait le plus singulier effet du monde.

Ils sont bien curieux ces Maures en costume moitié arabe, moitié européen, criant les journaux aux stations, et essayant, tout comme nos camelots du boulevard, de « mettre dedans » le public, avec l'annonce bruyante de fausses nouvelles à sensation !

Un fait à noter ! Pas un Anglais, c'est la première fois depuis que je voyage.

Enfin Alger ! Alger la Guerrière ! Alger la Blanche ! Alger la Coquette ! Alger la Jolie ! Comme elle a grandi depuis vingt ans ! On dirait même changé ! Mais il est tard, et nous ne faisons que l'entrevoir à l'allure bruyante et gaie de ces petits chevaux arabes qui nous grimpent, au galop, la côte de Mustapha, et nous amènent en quelques minutes à l'Hôtel d'Orient.

Tous les bons hôtels sont aujourd'hui blottis dans la verdure de Mustapha supérieur. Le nôtre est charmant. Planté au milieu d'un magnifique jardin tout en fleurs, auquel un beau clair de lune donne cet air fantastique si plaisant aux nerfs; à chacun de ses étages d'exquises petites terrasses couvertes de ces plantes grimpantes qui poussent si joyeusement dans ce beau climat, vraiment béni. De nos fenêtres, une vue superbe sur la baie et le riant coteau de Mustapha tout parsemé de petites maisons blanches arabes émergeant, en un peu trop grand nombre aujourd'hui, de bouquets d'un vert presque brutal.

Un vrai petit paradis, ce Mustapha ! et bien nommé puisque Mustapha signifie « Elu ».

J'ai hâte d'aller revoir en détail ce cher Alger où j'ai passé un si bon temps autrefois.

Oh ! oui, elle est bien changée, cette fière et coquette cité arabe ! La voilà grande ville européenne et, dans quelques années, c'est à peine si on y verra encore une seule de ces pittoresques silhouettes arabes, grands fantômes blancs aux beaux et nobles gestes si décoratifs ! La plupart déjà ont pris le chemin du sud. Et ces femmes mystérieuses, étranges taches blanches, que sont-elles devenues ? C'est à peine si nous en croisons quatre ou cinq. Encore quelques Maures aux brillants costumes, un peu efféminés, la fleur à l'oreille, travaillant un peu à tout, l'œil vif et... commerçant, mais eux aussi déjà sentent l'Européen.

Hélas ! Alger n'est plus, paraît-il, qu'un marché accaparé par le juif chrétien ou israélite ; chacun n'y a plus qu'un souci, faire vite sa fortune afin, soit de retourner au pays, soit d'étaler son luxe de fraîche date au riche soleil. Tant pis !

C'est avec une vraie joie que je retrouve mes petits ânes, ces gros chiens à physionomie intelligente, bonne et très particulière, qui portent des charges invraisemblables, en philosophes accomplissant leur temps d'épreuve.

Quelques rares chameaux, mais en dehors de la ville, à cause des chevaux, très nombreux aujourd'hui à Alger, et qu'ils effraient. Pauvres chameaux ! chassés eux aussi !

Parties les belles juives, étalant leurs riches costumes le samedi, au pas de leurs portes ! Partis les Aïssaouas, et remplacés par « des farceurs », nous dit-on. Plus d'almées ! plus de fantasias !

Et la vieille ville ! Une pioche sans pitié,

vraie pioche de conquérant, la frappe au cœur sans relâche. C'est à peine s'il reste quelques-unes de ces petites rues pittoresques, aux maisons mystérieuses, où vivait cachée au monde et au jour la famille arabe, abritée et dominée par sa Kasbah.

Que la voilà donc mutilée la vieille Alger la guerrière! Pourquoi ce sacrilège inutile? quand, singulière ironie, nous voyons au pied de la ville arabe qui s'ouvre par morceaux, la cathédrale restaurée à la mauresque?

Monseigneur Lavigerie, le bruyant et brillant archevêque d'Alger et de Carthage, l'apôtre des pays noirs, est, selon son habitude, absent d'Alger, où l'on ne sait de lui que ce qu'il lui plaît de répandre par la voie des journaux.

Nous visitons son église, Notre-Dame d'Afrique; c'est là que ce décoratif prélat a mis son paraphe... vrai paraphe à la Victor Hugo, dans l'inscription gravée au pied de la grande croix, qui protège et bénit, éloquente et un peu théâtralement émue, dans une même bénédiction, « et la mer et les marins. »

Les amis indépendants, éclairés et vraiment désintéressés que nous avons ici nous parlent longuement de la ruine de ces pauvres Arabes, littéralement « mangés » par les juifs. On nous raconte de quels prêts usuraires, de quelles ventes forcées des propriétés indivises entre eux, les malheureux indigènes sont victimes, combien les frais de justice emportent le misérable prix de ces terres, etc... Les juifs trouvent des complices dans les députés et les sénateurs dont ils sont les grands électeurs et qui se livrent, dit-on, à des patricotages éhontés, sans avoir rien à craindre d'une presse dont le silence est bien payé.

Les Algériens gémissent ou rient encore, suivant qu'ils ont été victimes ou spectateurs, du fameux voyage que fit, il y a quelques années, sous prétexte d'enquête parlementaire, aux frais de l'État, une bande de sénateurs et de députés jouant aux souverains, pérorant, mais surtout banquetant et s'amusant de mille façons, et laissant aux colons ou aux communes les notes à payer. Voyage resté légendaire sous l'éloquent surnom « d'invasion de sauterelles ».

Les anecdotes abondent. Une des plus comiques est l'entrée officielle à Biskra d'un de nos ministres costumé en arabe. L'ignorance des gens et des choses de l'Algérie était telle dans ce singulier monde officiel, qu'on a entendu un autre ministre traitant un grand chef de « cadi » (juge de paix), au lieu de le qualifier de « caïd ». Une autre fois c'était la remise de la croix de la Légion d'honneur à un bach-aga, par une des filles publiques du pays ; facétie à « la Grande Duchesse », qui causa un grand scandale. On sait l'importance qu'attachent les grands chefs à notre décoration, et leur solennité habituelle. Aussi, ont-ils cru qu'on avait voulu se moquer d'eux, et ils ne l'oublieront pas.

Les honnêtes gens égarés en Algérie, indignés de tout ce qui s'y passe, signalent l'imminence d'une sérieuse révolte « de famine » parmi les Arabes. Beaucoup déjà, chassés par des vexations intolérables et odieuses, se sont retirés dans le sud où ils se groupent et forment un parti de mécontents qui grossit tous les jours, et fera, nous dit-on, bientôt parler de lui. Un des anciens chefs de grande tente Ben-Aly-Shérif qui possède encore d'immenses terres en Algérie, ne cesse de protester avec énergie contre tous ces abus, bombardant le gouverneur de ses lamentations. Homme d'action, ayant déjà plusieurs fois levé l'étendard de la révolte et dont l'influence est restée considérable, il était cependant prêt à se résigner, mais la recrudescence des injustices commence à lui faire perdre patience ; vaincu par nos armes, il acceptait l'obéissance à nos chefs militaires, mais le fier Arabe s'indigne à l'idée d'être soumis aux iniques exigences d'un conseil municipal où dominent des cabaretiers et des juifs.

Il n'est pas le seul en Algérie dans l'âme duquel bouillonnent ces colères, et le jour est prochain, nous dit-on, où une plume algérienne indignée et désintéressée révélera à l'opinion les vilenies, les inutiles et coûteux travaux, les centres officiels légèrement créés, maladroitement abandonnés, enfin toutes les plaies de cet infortuné et beau pays, que la France proprement dite ignore trop ! Cependant, que de belles et grandes choses on y pourrait accomplir avec les anciens maîtres qui ne demanderaient plus qu'à vivre en paix avec nous, et avec la terre toujours prête à produire et à nous enrichir.

Si depuis vingt ans Alger est changé au moral et au physique, le joli coteau de Mustapha l'est hélas ! aussi ; le nombre des habitations a bien certainement triplé, heureusement leur cachet mauresque, ayant été respecté, le coteau a pu conserver son air de petit paradis oriental. Toutes ces taches d'un blanc violent émergeant d'une verdure intense produisent un effet fantastique qui reporte instinctivement ma pensée vers l'Alhambra. On le voudrait là, le plus beau des palais orientaux, au milieu de ces demeures féeriques qui semblent l'attendre pour lui faire cortège; certes dans le cadre sauvage de Grenade le palais enchanté est plus saisissant, mais ici ne serait-il pas plus enchanteur ?

Les Anglais ont littéralement pris posession de ce beau coin du monde, surtout du joli site d'Elbiar. Ils ont là cercles, journaux, églises, formant une colonie très riche où l'on se voit et s'amuse beaucoup entre soi; qui niche dans ces pittoresques villas blanches très soignées, tenues à l'anglaise.

Une compagnie, anglaise encore, a acheté le château d'Indra, qui domine toute la plaine de Blidah et a pour horizon, la mer et le grand Atlas; avec les crus légers mais excellents du pays qu'elle alcoolise vigoureusement, elle fabrique des vins spéciaux qu'elle vend assez cher en Angleterre. Les petits vins d'Algérie reviennent sur place à 0 fr. 30 ou 0 fr. 50 le litre ; les blancs surtout sont très agréables.

Grande déception au jardin d'essai, devenu une pépinière commerciale très lucrative, paraît-il, mais plus ou presque plus entretenu au point de vue des promeneurs. Cependant je retrouve mes belles allées de bambous et de caoutchoucs.

Revu aussi le cher jardin de Mustapha supérieur, résidence d'été du gouverneur, où je me suis tant promenée il y a vingt ans, toujours beau, mais mal soigné. Ses hôtes actuels détestant, me dit-on, ce pays, ne savent pas l'habiter. Ils reçoivent peu, et les autres fonctionnaires sont heureux de les imiter ; c'est économique. Les étrangers et quelques riches colons, seuls, donnent des fêtes. Il y a aujourd'hui à Alger de grosses fortunes ; on s'en aperçoit à d'élégantes toilettes et à de jolis équipages bien tenus ; jusqu'à des mails, appartenant à des Anglais, bien entendu.

Beaucoup de couleur locale le petit gourby (village arabe) au milieu des cactus, que nous allons visiter. Les cinq ou six familles qui l'habitent vivent dans des huttes tout à fait sauvages, en guenilles : on se croirait à mille lieues d'où l'on est.

Blidah la coquette, est toujours un joli « nid d'amour ». Les belles plaines qui l'entourent sont aujourd'hui en pleine culture et procurent de gros bénéfices ; à Boufarick, par exemple, à une heure de Blidah, M. Chiris, le sénateur, possède une propriété qui lui rapporte en vins, en blés, en eucalyptus, en fleurs d'oranger, en roses et en géraniums, 400,000 fr. par an. La mise de fonds ayant été de 1.800,000 fr., c'est un placement au joli taux de 20 pour 100.

De Blidah on va toujours rendre visite aux singes, jadis fort rares, de la Chiffa.

Cette fois nous sommes reçus par toute une

petite armée de nos premiers pères sautant le plus gracieusement du monde d'un arbre à l'autre et formant un décor très original.

Des Anglais, qui les attendaient depuis la veille, nous assure-t-on, les contemplaient pâmés. Moins crédules, moins naïfs, nous ne pûmes nous empêcher de sourire à ce que l'aubergiste appelait notre « bonne chance ».

Indignation du dit aubergiste, qui proteste avec véhémence contre notre scepticisme à l'endroit de la sauvagerie des singes qui s'ébattent sur nos têtes. Alors, un peu méchamment (je déteste qu'on se moque de moi !...), je me retournai vers mes compagnons, leur proposant gravement pour le lendemain une chasse aux singes. « C'est notre droit », leur dis-je, « puisqu'ils sont sauvages ».

Sur quoi affolement du pauvre aubergiste : « Mais madame », balbutie-t-il, « ces singes sont ma propriété, étant sur mes arbres, et moi seul ai sur eux droit de chasse ». Nous étions fixés. Jusqu'aux singes de la Chiffa qui se civilisent !

La route des gorges est encombrée d'ouvriers, occupés à des travaux d'art considérables, un magnifique chemin de fer devant relier Blidah à Milianah ! un simple tramway à vapeur eût grandement suffi aux besoins de la circulation!

L'Algérie est pleine de ces sottises.

Je mourais d'envie de revoir les danseuses d'Alger. Elles m'avaient laissé un charmant souvenir de grâce originale, mais, hélas ! j'apprends qu'il n'y en a plus ! Alors, comme compensation, on me proposa une visite chez la belle Fatma. Fatma ? Après quelques hésitations, on nous avoue que c'est une hétaïre mauresque, très goûtée des étrangers ; cocotte « fin de siècle », rangée, plaçant ses petits bénéfices, se piquant d'ailleurs de correction et de « bonne tenue ». Toutes les dames de passage à Alger vont prendre le café chez elle et assister aux fêtes payantes qu'elle donne chaque mois et où, avec deux ou trois compagnes, elle danse et chante, assez médiocrement du reste. Va pour Fatma ! A Alger, en bonne compagnie, on peut se permettre bien des choses !

Rendez-vous est pris pour le soir même à neuf heures ; impossible plus tôt — à cause du Ramadan, — Fatma étant très pratiquante, et ne recevant personne, ne prenant aucune nourriture avant le coup de canon réglementaire qui annonce aux fidèles croyants la fin du jour et du jeûne.

Nous voilà partis, à pied bien entendu, à travers les sombres et désertes petites rues de la vieille ville, assez effrayantes vraiment. C'est là que Fatma habite une maison à elle. La lune nous éclaire, mais seule, elle est très insuffisante, à cause de l'étroitesse des rues et de la hauteur des maisons qui empêche sa lumière d'arriver jusqu'à nous.

Tout à coup l'ami qui nous conduit, un

grand ami de la dite Fatma, s'arrête, et d'un vigoureux coup de poing frappe une lourde porte extérieure qui cède sous le choc. Devant nous tout reste dans une obscurité et dans un silence absolus! Alors par trois fois, d'une voix solennelle, notre guide appelle « Fatma, Fatma, Fatma... c'est nous. » Aussitôt une petite fenêtre grillée s'entr'ouvre au-dessus d'une seconde porte intérieure et nous voyons sortir de l'ombre, à la vulgaire lueur d'une chandelle, un joli profil de femme brune, en costume mauresque, C'est une charmante apparition. Deux minutes à peine et voici qu'une petite ombre blanche descend à notre rencontre; c'est la servante de Fatma, enfant de dix à onze ans.

Nous montons deux pénibles étages, un peu à tâtons, à l'insuffisante lumière de l'inévitable chandelle; Fatma ne doit pas avoir une grosse note d'éclairage! Elle nous attend en haut de l'escalier, un bougeoir à la main, et c'est avec le plus aimable sourire et de la

meilleure grâce qu'elle nous souhaite la bienvenue. Elle est très simplement vêtue d'un
joli costume arabe. D'une vraie distinction,
elle a dû être très jolie, et possède la beauté
la plus prisée de ses compatriotes, le long
cou en fût de colonne qui lui a valu le surnom si pittoresque de « Fatma au cou de
palmier. »

Très gracieusement, elle nous fait asseoir,
accroupir serait plus exact, autour d'un pla-
teau chargé de café et de gâteaux au miel
qu'elle confectionne elle-même, car elle est
femme de ménage, nous dit-elle en souriant,
dans un français excellent, à l'accent un peu
guttural.

On cause. Elle admire beaucoup nos bijoux
et nous montrera tout à l'heure les siens.

Fatma se plaint beaucoup d'un grand mal
de tête dont la faute incombe, nous dit-elle,
avec une certaine affectation, à sa conscien-
cieuse observation du Ramadan.

Tout à coup, au dehors, au milieu du silence

et des ombres de la rue, des lamentations se font entendre; l'impression est étrange et nos yeux interrogent Fatma. « Ce sont des mendiants, mes pauvres », nous dit-elle; « ils viennent ainsi presque chaque soir », puis appelant sa petite servante elle lui remet quelques sous à distribuer et les lamentations se taisent, tout rentre dans le calme.

Ma foi ! elle est charmante, très comme il faut et maîtresse de maison accomplie, qui pourrait en remontrer à beaucoup de nos mondaines d'aujourd'hui, et presque spirituelle cette Fatma.

Elle n'a pas voulu aller à Paris pendant l'Exposition parce qu'elle aime à faire les choses grandement, « petitement n'est-ce pas c'est ennuyeux? » et Paris était trop cher pour elle à ce moment *(sic)*. Puis elle a sa mère et ses maisons de ville et de campagne; l'une qu'elle ne veut pas quitter, les autres qu'il lui faut surveiller, car elle est « très soigneuse ». On a dit qu'elle se mariait mais

« c'était un cancan de camarades jalouses, désireuses de la voir disparaître. »

Nous nous débarrassons comme nous pouvons, des gâteaux de miel écœurants, surtout après le dîner, en les émiettant sous la table, en grande cachette de Fatma, que pour rien au monde nous ne voudrions blesser, et elle est très fière de ses talents de pâtissière.

Nous allons ensuite dans la chambre de Fatma ; une longue pièce blanchie à la chaux, des plus primitives ; au fond, un prosaïque lit de fer sans rideaux ; pour tout ameublement, une vilaine banale armoire à glace et une commode non moins ordinaire. Dans celle-ci sont les costumes — une dizaine environ, tous magnifiques, couverts de riches broderies d'or et d'argent, car Fatma, elle a bien soin de nous le dire, est « une élégante » qui, jamais, ne voudrait remettre deux fois la même toilette en public. Par contre, les bijoux sont très médiocres.

Tout à coup un même cri nous échappe :

« Salomé »! En effet, pendant que nous fouillions dans ses tiroirs, Fatma avait enlevé sa chechia et disparaissant littéralement sous une épaisse chevelure noire frisée, nous rappelait ainsi à tous, d'une façon saisissante, l'œuvre capitale et si originale d'Henri Regnault. Fatma riait aux éclats, charmée de notre étonnement et de notre enthousiasme.

Nous quittâmes cette singulière mauresque si modernisée, vraiment ravis de sa bonne grâce, de sa simplicité et de son accueil.

Après huit jours de promenades exquises tout autour d'Alger, par un temps superbe, le moment vient de quitter ce pays si beau, si sympathique dont j'ai été toute heureuse de goûter à nouveau le charme. D'où vient-il donc ce charme étrange, qui envahit et haschiche tous ceux qui ont subi son contact ? Evidemment de cette transparence de l'air, qui donne à toutes choses des couleurs et des nuances dont la finesse et l'intensité grisent les yeux, et de l'embaumement d'une terre, véritable cassolette, d'où s'échappent des effluves qui pénètrent au plus profond des sens et s'emparent littéralement d'eux.

Un transatlantique part maintenant chaque jour d'Alger pour Marseille ; il est censé faire le trajet en vingt-quatre heures, mais si on n'a pas la chance de s'embarquer sur l'*Eugène Péreire* ou sur le *Duc de Bragance*, c'est bien sur trente et trente-cinq heures de traversée qu'il faut compter ; or, notre mauvaise fortune veut que le premier de ces bateaux ait été mis à la disposition de ceux de MM. les journalistes qui ont accompagné le Président de la République dans son voyage en Corse, ce qui l'a distrait du service de l'Algérie depuis une semaine et, entre parenthèse, a eu pour conséquence de priver la colonie de tout courrier pendant quarante-huit heures — sans que du reste elle en ait murmuré.

Le second, *le Duc*, comme on l'appelle à Alger et à Marseille, est dans les chantiers de réparation. Il faut donc se contenter d'un vapeur ordinaire, ce qui veut dire nous résigner à trente-deux heures de voyage entre le ciel et l'eau.

Nous voici de retour à Paris, ravis de retrouver nos amis, enchantés d'un voyage qui a délicieusement rafraîchi nos idées et ne nous laisse qu'un regret, très vif, par exemple, celui de l'avoir fait trop à la hâte. Aussi sommes-nous bien décidés à aller revoir plus à fond, et comme il le mérite, ce pays original, bizarre, que n'ont encore étreint qu'à demi les griffes niveleuses de la civilisation moderne, et sur lequel nous n'avons pu, hélas, avoir qu'une impression !

TABLE DES MATIÈRES

ACHEVÉ D'IMPRIMER

SUR LES PRESSES DE

F. GUY, IMPRIMEUR A ALENÇON

Le 21 Mars 1891

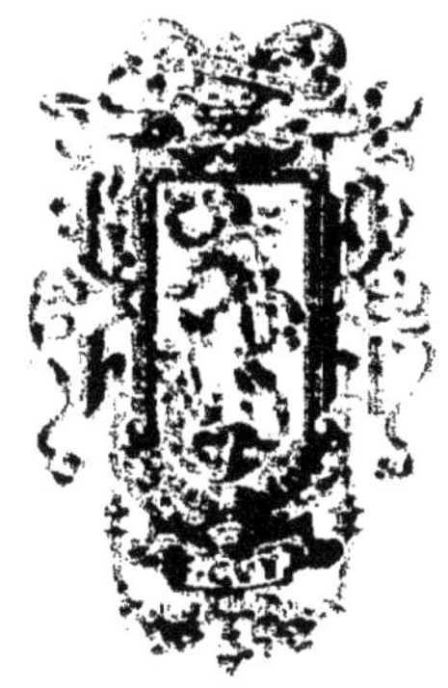

POUR LA

LIBRAIRIE DE PARIS

www.ingramcontent.com/pod-product-compliance
Ingram Content Group UK Ltd.
Pitfield, Milton Keynes, MK11 3LW, UK
UKHW021725090726
13657UKWH00002B/523